KB010464

Anicius Manlius Severinus Boëthius

De Consolatione Philosophiae

철학의 위안

1판 1쇄 발행 2019년 7월 25일

지은이 | 보에티우스
옮긴이 | 염승섭
발행인 | 신현부

발행처 | 부북스
주소 | 04601 서울시 중구 다산로29길 52-15 (신당동)
전화 | 02-2235-6041
팩스 | 02-2253-6042
이메일 | boobooks@naver.com

ISBN 979-11-86998-79-3 94110

이 도서의 국립중앙도서관 출판예정도서목록(CIP)은 서지정보유통지원시스템 홈페
이지(http://seoji.nl.go.kr)와 국가자료종합목록 구축시스템(http://kolis-net.
nl.go.kr)에서 이용하실 수 있습니다. (CIP제어번호 : CIP2019027579)

부클래식

079

철학의 위안

보에티우스

염승섭 옮김

차례

소개글

아니키우스 보에티우스(Anicius Manlius Severinus Boëthius, 477-524)는 철학자 또 신학자로서 지난 1500여 년 동안 비상한 관심과 연구의 대상인 저술들을 남겼다. 고대 희랍철학을 대변하는 플라톤과 아리스토텔레스 그리고 키케로를 중심으로 한 로마의 실용 철학과 플로티누스(Plotinus 204/5-270)의 신플라톤주의를 후세에 전하고자 노력하였다. 그 결과 중세 스콜라 철학 특히 토마스 아퀴나스(St. Thomas Aquinas 1225-74)를 위한 철학 기반을 만들어주었다.

보에티우스의 주저(主著) 《철학의 위안 De consolatione philosophiae》은 테오도리쿠스(Theodoricus, 471-526) 대제에 의해 감옥에 갇힌 채 처형을 기다리던 와중에 집필되었다. 테오도리쿠스는 30여 년 통치 기간 중 많은 치적을 올렸다. 보에티우스 또한 그의 궁중에서 1년 넘게 탁월한 행정관, 학자로서 명성을 떨쳤다. 테오도리쿠스는 보에티우스가 라벤나(Ravenna) 궁전보다 로마를 더 숭상하는 것에 대해 불편한 심기를 느끼고 있었다. 보에티우스는 테오도리쿠스의 압력을 받고 있던 로마 원로원으로부터 사형 선고를 받았음에도, 테오도리쿠스 — 후에 대왕(大王)으로 추대됨 — 가 궁극적으로는 그래도 자신을 사면할 것이라는 막연한 희망을 품었던 것 같다. 그러나 그는 참혹한 처형을 당하고 말았다. 이것은 참으로 인간사의 비극이라고 할 수 있는데, 그 사정을 이해하기 위해서는 두 주인공의 배경을 우선 살펴볼 필요가 있다.

로마 제국은 기독교를 국교로 선포한 콘스탄티누스 (324-337) 대제 이후 테오도시우스(Theodosius) 대제 때(395)에 동·서 로마제국으로 갈라져 있었다. 그런데 서로마 제국은 게르만족 장군 오도아케르(Odoaker)에 의해 멸망당하였고, 오도아케르는 얼마 동안 선정을 베풀었으나, 동고트족의 왕 테오도리쿠스에 의해 패하고 처형당하였다. 테오도리쿠스는 로마 교황청의 묵인 아래 또 비잔틴(콘스탄티노플)의 황제 아나스타시우스 (Anastasius)의 승인을 받아 이탈리아의 왕으로 인정되었다. 그는 그 나름대로 로마법을 존중하고 로마 원로원과 교황청에 대해서도 원만한 관계를 유지하였다.[01] 로마 원로원(元老院)은 그를 동로마제국 황제와 대등하게 대우하였다. 반면 그는 종교적 신념에 있어서는 아리우스(Arius)[02] 파에 동조하였지만, 삼위일체

---

01 테오도리쿠스는 동고트족의 왕이 되기에 앞서 콘스탄티노플에 볼모로 잡혀 있으면서 로마제국의 법제도와 문물에 감화되었고 비잔틴 제국의 속사정을 잘 알고 있었다.

02 알렉산드리아의 주교로서 그리스도의 신성을 부정하여 320년에 면직되었다. 그의 학설의 추종자들은 동방의 많은 도시들에서 상당한 영향력을 행사하였다. 이와 유사하게 에우튀케스(Eutyches)에 의해 제창(提唱)된 '단일성주의

설을 내세우는 가톨릭 교의에 대해서도 그리 문제를 삼지 않았다. 그 당시 동로마제국의 황제 유스티니아누스(Iustinianus)는 옛 로마제국의 전통을 지키기 위해서는 게르만족 출신인 테오도리쿠스의 제거가 필요하다는 입장이었고 그러한 입장에 동조하는 잠재적 세력이 로마 주변에 있었다.

이런 상황에서 523~4년에 원로원 의원 알비누스(Albinus)가 왕의 개인 비서인 퀴프리아누스(Cyprianus)에 의해 고발되었다. 그 내용인즉 동로마제국의 유스티누스(Iustinus) 황제[03]의 근접 신하들에게 알비누스가 테오도리쿠스를 모욕하는 편지를 썼다는 것이다. 알비누스는 그런 근거 없는 고발을 일축하였지만, 테오도리쿠스는 그런 허위 주장에 일리가 있다고 설득되었다.[04] 이에 대해 그 당시 관방 장관이었던 보에티우스는 왕의 면전에서 다음과 같이 담대히 말했다고 한다. "퀴프리아누스의 고발은 허위입니다. 그러나 만약 알비누스가 그렇게 행동하였다면, 정말 그렇다면 나와 원로원 전체가 한마음으로 행동한 것입니다. 그것은 허위입니다. 전하."[05] 보에티우스는 테오도리

Monophysitism'는 신(神)의 신격(神格)은 유일하며 그것의 신성(神性)이 그리스도에게 또는 성령에 파급된 것이라고 주장하여 많은 지방 교회들에 상당한 지지자들이 있었지만 칼케돈(Chalcedon)의 종교회의에서 부정되었다. 이에 반해 가톨릭주의의 정론은 성부 · 성자 · 섯신의 삼위일체를 주장허었다.

03 유스티니아누스의 삼촌으로 그 직전의 황제.

04 참조: Boethius *The Consolation of Philosophy*, tr. with an Introduction and Notes by P. G. Walsh(Oxford Univ. Press, 2008), 페이지 xvi.

05 위와 같은 곳.

쿠스가 결정을 번복하기를 기대했었다. 그러나 보에티우스는 그의 강직함으로 인해 궁중에서 쫓겨났던 여러 다른 신하들에 의해 그 또한 모함을 받고 있었다. 그리하여 그에게 덮어씌워진 역모죄는 그가 목적을 달성하기 위해 어떤 마법(魔法)에 종사한다는 것이었다. 동고트족의 왕이었던 테오도리쿠스는 궁정 소재지 라벤나와 콘스탄티노플 사이에서 로마 전통주의자들에 의해 협공을 받고 있다고 의심하였다. 그 당시에 그는 이미 70대였고 집정한 지 30여 년이 지났고, 몸도 병약하여 그로부터 3년 후에 병사하였다. 문제는 원로원이 역모죄를 공정하게 심사하지도 않았고, 기독교 교리를 둘러싼 갈등과 로마 숭배에 대한 반감이 주요 요인들로 작용하였다는 점이다.

보에티우스는 귀족 가문 출신으로 탁월한 행정가였던 부친이 사망하자, 그 당시 원로원 의원이며 7권의 로마사(史)를 쓴 대학자이자 독실한 기독교인 쉼마쿠스(Symmachus)의 양자로 들어갔다. 쉼마쿠스는 그를 사위로 삼았다. 후에 집정관이 된 쉼마쿠스와 보에티우스, 두 아들을 낳았다. 그 둘 사이에 서있던 보에티우스의 모습은 그 자체가 한 장면이었다. 저자 보에티우스가 남긴, 교리 논쟁을 둘러싼 여러 논고들(Tractates)을 살펴보면, 그가 '단일성주의'를 배격하고 가톨릭의 삼위일체설에 우호적이었음을 잘 알 수 있다. 테오도리쿠스가 그것을 알고 있었는지는 알 수 없지만, 보에티우스의 전체적 경향을 족히 짐작하고 있었던 것 같다. 알비누스는 역모 혐의를 받고 곧 처형되었고, 보에티우스도 1년여 만에 처참하게 처형되었다. 그의 처형에 장인 쉼마쿠스가 항의하자 그도 처형되었다. 보에티우스는 한편으로는 동료이며 선배인 탁월한 알비누스와 원로원을 통해 연대해 있었고, 다른 한편으로는 장인과 연대해 있었다. 그러니까 이 세 위인은 사상과 신앙의 공동체였다.

지금부터 약 1500년 전에 활동했던 정치인, 신학자 그리고 철학자였던 보에티우스는 역모 사건에 휘말리기 전까지는 존경받던 로마 귀족 가문의 저명 인사였다. 그의 학문적 지식과 현실 정치의 쓰라린 경험들이 본 철학 논고에 잘 반영되어 있다. 놀랄만한 것은 그의 철학적 문제 제기가 근대적 맥락에서도 타당성을 지닌다는 것이다. 즉 자아의 문제, 참된 행복의 추구, 사회 정의의 문제 등이 담론의 대상이다.

마지막으로 라틴어 원문의 문장구조가 번역하기에 쉽지 않지만, 원문의 뉘앙스를 잃지 않으려고 노력했다. 원서를 읽고자 하는 독자를 위해서는 까다로운 어휘나 구문엔 조금 토를 달았다. 끝으로, 본 역자는 러브 고전 시리즈(Loeb Classical Library)의 BOETHIUS TRACTATES, *DE CONSOLATIONE PHILOSOPHIAE*. Havard, 1973년 판을 번역 대본으로 삼았다.

2018년 12월 옮긴이 염승섭

아니키우스 만리우스 보에티우스

전직 집정관 명성 높은 집정관 계층 귀족 전직 행정관[06]

철학의 위안

제1권

시 |

내가 한때 열의(熱意)를 품고 지었던 시구(詩句)들,

아! 내 눈물에 젖어 슬픈 가락들을 읊조려야 하다니.

내게 시들을 쓰라고 권하며 비애(悲哀)로

찢겨진 모습을 한 저 뮤즈들[07]을 보아라!

가식 없는 눈물로 이 비가(悲歌)들은 나의 얼굴을 적신다.

우리의 이 친구들이 같은 길을 걷게 될까봐 애타는 나의

어떤 두려움도 이들의 사기(士氣)를 꺾지 못했어라.

그들은 한때 나의 행복한 파란 청춘의 영광이었지만,

---

06 라틴어 원문: "v.c. et inl. excons. off. patricii". "v.c." 즉 "vir consularis"는 "전직 집정관" 또는 "집정관 역임"이라는 뜻인데 이런 경칭은, 기원 5세기경, 그에 따른 영예로 인해 무덤과 족보 등에 어김없이 새겨져 있었다고 한다.

07 원문은 Camena : 시가의 여신. 고대 희랍의 무사(μούσα) 여신.

이제 그 슬퍼진 노래들은 나의 노년기 운명을 위로해 주는구나!

정녕 노년기는 병고(病苦)로 속도를 내며 예기치 않게 찾아왔다.

그리고 고통은 그것의 연륜을 엄하게 가산(加算)하도다.

나의 머리는 때 이르게 희끗희끗해지고

나의 피부는 느슨하게 힘 빠진 육체에 걸쳐져 떨고 있다.

감미로운 시절에는 들이닥치지 않고 애도하는 자들에게

가끔 부름을 받아 찾아오는 죽음은 정말 환영할 만하다.

아아, 나의 그토록 비참한 울부짖음에 그는 귀머거리일 뿐이다.

그가 눈물 흘리고 있는 나의 눈을 감겨주지 않으려는 것은 잔인하도다.

행운이 나에게 호의를 베풀어 주고 있었던 동안, 내가 그 쉽게 변할

즐거움에 매달렸다는 것은 얼마나 잘못된 것이었던가!

그런 슬픔의 시간은 나의 머리를 거의 물속에 침잠시켰다.

그 구름에 가렸던 거짓된 얼굴이 본색을 드러낸 지금,

나의 저주받은 삶은 별 볼일 없는 지루한 시간들을 질질 끌고 가고 있다.

무엇 때문에, 친구들이여, 그대들은 내가 행복한 사람이라고 떠들어

대었는가?

이제 몰락하고 만 자의 발걸음은 그 당시에도 이미 휘청거렸도다.

산문 |

내가 이러한 생각들을 조용히 곱씹으며 그 눈물에 젖은 고뇌를
기록하기 위해 펜촉을 눌러 쓰려 할 때, 내 머리 위에 한 여인이
서 있는 것 같았다. 그녀의 용모는 내게 경외심을 일으켰고, 그

녀의 작열하는 두 눈이 보통 사람들의 경우보다 더 깊이 파고들었다. 그녀의 피부색은 싱싱한 꽃봉오리처럼 신선했지만, 그녀의 면모는 너무나 고풍스러워 그녀가 우리 시대에 속한다고 생각하기 어려웠다. 그녀의 키가 어느 정도인지 말하기는 어려웠다. 그도 그럴 것이 한 번 보아 그녀가 인간의 보통 척도에 국한되어 있는 듯 했으나, 다음 순간엔 어느덧 그녀 머리의 정수리가 하늘에 닿았고, 또 그녀가 머리를 더 높이 치켜들었을 때는, 하늘 그 자체를 꿰뚫고 인간의 시야에서 사라졌다. 그녀의 옷은 아주 고운 영속적인 실들로 정교하게 만들어져 있었는데 ― 그녀가 말해 주어서 내가 뒤에 가서 알게 되었다 ― 그녀 자신의 손으로 그것을 짰다. 옷자락들은, 마치 그을음에 그슬린 조상들의 조각상들처럼, 잊혀진 세월들의 어둠으로 뒤덮여 있었다. 옷자락 하단에는 희랍글자 Π(파이)가, 목덜미 쪽 상단에는 Θ(세타)가[08] 읽을 수 있게 짜여 있었다. 더 나아가 두 글자 사이에 사다리 형식으로 단계들이 표시되어 있어 낮은 글자에서 높은 글자로 올라가도록 되어 있었다. 그런데 어떤 광폭한 손들이 이 옷을 찢었고, 할 수 있는 만큼, 여러 조각들을 떼어갔었다. 그녀는 오른손에는 책들을, 왼손에는 왕홀(王笏)을 쥐고 있었다.

이제 그녀는 시가(詩歌)의 뮤사이들이 내 침상 옆에 서서 나의 애통함을 보고 거기에 대처할 시구들을 찾아내는 일에 도움

---

08 'Θ'는 'theoria 이론'을, 'Π'는 'praxis 실제'를 뜻하는 바, 좀 더 풀어 보자면, 철학의 두 부분을 의미함.

을 주는 것을 보고서, 한순간 당혹하더니 다음 순간 맹렬히 불을 뿜는 눈초리를 하며 소리쳤다. "누가 이 극단의 매춘부들을 이 병든 사람의 면전에 들였는가? 그녀들은 그의 고통을 덜어 줄 치유 방법을 갖고 있지 못할뿐더러 그녀들의 달콤한 독약으로 그의 병세를 악화시킨다. 이자들이 바로 이성(理性) 열매들의 풍부한 밭들을 욕정의 무익한 가시덤불로 질식시키고 있는 자들이다. 그녀들은 사람에게서 병을 떼어놓는 것이 아니라 마음을 병에 익숙해지도록 만든다. 만약 그대들의 유혹물들이, 보통의 경우처럼, 단순히 어느 배우지 못한 사람의 마음과 주의력을 흩뜨리는 것이라면, 나는 그것을 크게 문제 삼지 않을 것이다. 궁극적으로 그러한 것은 우리에게 우리의 과업을 수행함에 있어 별다른 해를 입히지 않을 것이다. 그런데 엘레아학파와 아카데메이아 학파[09]의 여러 학설들로 배양된 이 사람의 마음을 그처럼 흩뜨리고 현혹하여 곧바로 파멸로 이끄는 그대들 세이렌 요정들이여, 여기서 나가거라! 그를 치유하여 그의 건강을 되찾게 하기 위해 그를 나의 뮤사이들에게 맡겨 두어라!" 이렇게 꾸지람을 듣고 그 뮤사이들의 무리는 풀이 죽어 머리를 아래로 내려뜨리고는, 수치심을 고백하는 듯 홍조를 띠우며, 쓸쓸히 나의 방을 떠났다. 그처럼 위풍당당한 권위를 쥐고 있

09 엘레아(Elea)학파는 기원전 6세기 중엽에 크세노파네스(Xenophanes)에 의해 창시되었고 대표적 철학자들로서는 유명한 일원론자 파르메니데스(Parmenides)와 달리기 운동 패러독스의 저자로 알려진 제논(Zenon ho Elea)이 있다. 아카데메이아(Academia) 학파는 기원전 2, 3세기경 플라톤의 계승자들에 의해 지속되었는데, 그들의 회의론적 방향은 근대의 분석철학과 유사하였다.

는 이 여인이 누구인지 분명히 볼 수 없을 만큼 나의 시각(視覺)이 온통 눈물로 흐려져 있었기 때문에 나 자신은 멍청하게 되어 눈을 아래로 내리깔고 있었다. 그리고 나는 그녀가 그 순간 무엇을 할지를 보기 위해 묵묵히 그냥 계속해 기다렸다. 그때 그녀는 내게 더 가까이 다가와 내 침상의 끝에 앉아, 울음과 슬픔으로 쇠진한 나의 얼굴을 보더니, 내 마음의 혼돈을 통렬히 개탄하며 이 시구(詩句)들을 읊조렸다.

시 ‖

아아, 그가 빠져 있는 저 바다는 얼마나 깊이 패여 있는가!
그의 마음은 무디어져 있고 그의 총명은 달아나 버려
그는 어두운 외곽으로 나가고 있고, 해로운 근심은
지상에 몰아치는 바람들로 인해 부풀어져
끝도 없이 자라고 있도다.
이 사람은 한때 천상의 길들을, 툭 터진 하늘 아래서
자유롭게 산책하며 장밋빛 햇살을 지켜보았고 또
각별히 그것의 행로에서 변화하는 순환 궤도를 통해,
정통했고 숫자와 법칙으로 이루어진 체계를[10] 이룩했도다.

---

10 '수학적 천문학'을 일컬으며, 플라톤 이래로 해와 달과 행성의 위치를 미리 예측할 수 있는 모형들을 여러 천문학자들이 연구했다. 보에티우스도 프톨레마이오스(Ptolemaeos)에 근거하여 그러한 주제를 다룬 라틴어 교재를 집필했다고 하나 전해지지 않는다.

더 나아가 그는 여러 원인들을 탐구하고 알고 있었으니,

왜 바람들이 윙윙거리고 바다의 파도를 불러일으키는지,

왜 태양은 붉은 동쪽에서 솟아올라,

서쪽 파도 밑으로 가라앉는지,

무엇이 봄의 평온한 시간들에 열기를 불어넣는지,

그리하여 이 지상은 장미꽃들로 아름다워진다는 것과,

그리고 또 누가, 그 한 해가 충만하도록, 열매 맺는 가을이

통통한 포도알들로 묵직하게 되는지를 말해주었도다. 그는

대자연의 모든 은밀한 연유를 탐구하고 알려주었도다.

그러나 그는 이제 누워 있고,

그의 마음의 빛은 가물거리고 있고,

그의 목 주위에 걸쳐진 이 무거운 쇠사슬들로 짓눌려,

또 근심의 무게로 눈을 아래로 내리깐 채,

오호라, 덤덤한 대지만을 바라보고 있는 것이 아니겠는가!

산문 II

"그런데," 그녀가 말했다. "지금은 불평보다도 치유를 할 시간
이네." 그리고 그녀는 정말 빛나는 두 눈으로 예리하게 나를 내
려다보며 말했다. "그대는 전에 한때 나의 우유를 먹다가, 다음
엔 나의 고체 음식을 먹어가며, 그대의 성년기에 도달했던 그
사람이 아닌가? 그리고 나는 그대에게 무기들을 부여해 주었
는데, 그대가 그것들을 팽개치지 않았다면, 그것들이 그대를

굳건하고 안전하게 지켜주었을 텐데 말이네. 그대는 나를 알아보겠는가? 왜 아무 말도 없나? 그대는 수치심을 느끼고 얼떨떨해져서 침묵을 지키는 것인가? 나는 그대가 수치심을 느낀다고 생각해야 할 것 같네. 그런데 내가 보아하니, 그대는 망연자실해 있어." 그녀는, 내가 그저 단순히 입을 다물고 있는 것이 아니라 완전히 말을 잃고 멍해 있다는 사실을 알아차리자, 상냥하게 그녀의 손을 내 가슴에 올려놓고 말했다. "진짜 위험에 빠져 있는 것은 아니고 그저 무기력할 뿐이야. 이런 병은 미혹된 심리상태에 빠져 있는 사람들의 공통된 현상이지, 그는 잠시 동안 자신의 참된 자아를 망각했어. 그는 곧 회복할 것이야. ─ 그는 뭐니 뭐니 해도 나를 과거에 알았었거든. 그리고 그의 치유를 가능하게 하기 위해서는, 내가 잠시 그의 눈에서 시각(視覺)을 흐리게 하는 인간사(人間事)의 안개를 씻어내야 겠어." 그녀는 이렇게 말하고는 그녀의 옷자락을 접어 흐르는 눈물들로 뒤범벅이 된 나의 눈을 씻겨주었다.

시 Ⅲ

그때 밤은 흩어졌고 어둠은 나를 떠났다.
나의 눈에 활력이 다시 돌아왔다.
그러니까 마치 북서풍이 코로별들[11]을 덮치며 휘몰아칠 때

─────
11 원문에 'sidera Coro 코로 별들'로 나와 있는데, 그 '코로'의 뜻은 분명치 않

비구름이 하늘을 뒤덮으니,

해가 가려지고 하늘에 별들이 뜨는 사이,

밤이 저 위로부터 지상으로 넘쳐흘러 내린다.

그러고 나서 저 트라키아 동굴[12]로부터 나온 북풍은

밤을 쏠어버리고 낮의 빛을 풀어놓는다.

그리하여 그 눈부신 햇빛은

갑자기 우리의 어리둥절한 눈들 위에서 번쩍인다.

산문 Ⅲ

바로 그렇게 그 비참함의 구름들이 걷히자, 나는 그 맑은 빛을
들이마셨고 나의 치유자의 얼굴을 알아볼 만치 회복되어 갔다.
그리하여 내가 시선을 그녀를 향해 명확히 또 고정시켜 바라보
았을 때, 그녀가 나를 길러 준 유모, '철학의 여신'[13]인줄 알았
고, 그녀의 집에 나는 청소년 때부터 들락거렸던 것이다. 내가
말했다, "모든 덕의 여왕이여, 그런데 무엇 때문에 천상에 있는
그대의 높은 자리를 박차고 빠져나와 내가 유배당한 누추하고
황폐한 이곳까지 내려왔단 말인가요? 그러니까 무고하게 고발

지만, 그것은 희랍 본토의 북서쪽 방향을 지칭하는 듯함.

12 트라키아 동굴은 '바람의 신' 아이올로스(Aiolos)가 갇혀 있는 곳이고, 트라
키아는 희랍 본토의 북쪽에 위치함.

13 원문에는 'Philosophia'로 나오는데 그것을 인격화하여 '철학의 숙녀'나 '철
학의 여신'으로 이해할 수 있음.

당한 나와 함께 법정에 서서 돕고자 함이겠지요?"

그녀가 대답했다. "내가, 바로 내 이름이 미움을 받는 까닭에 그대가 무거운 짐을 견디며 가야 하는데, 도움을 주어야 하지 않겠는가? 철학의 화신인 내가 무고한 사람을 동반자 없이 내버려둔다는 것은 온당치 않아. 물론 나 자신도 고발당하는 것을 두려워해야겠지, 그런 전대미문의 일에 나는 소름이 끼치고 치가 떨리네! 그대는 지혜가 고약한 무리에 의해 공격받고 위험에 처하게 된 것이 이번이 처음이라고 생각하는가? 우리의 플라톤 시절 이전에도, 이미 그 옛날부터, 나는 자주 교만한 우둔함과 엄청난 싸움을 치러야 하지 않았던가? 그러니까 플라톤이 살아 있던 시절에 나는 그의 스승 소크라테스 곁에서 그가 순교자의 죽음이라는 상을 받는 것을 목격하지 않았던가? 그리고 그의 뒤를 이어 쾌락주의자들과 금욕주의자들과 그 여타의 무리[14]가 그의 유산을 장악하려고 애썼지. 내가 무슨 전리품인 양 그들은 발버둥 치며 항거하는 나를 유괴해갔으며, 내가 손수 짠 나의 옷을 이리저리 찢어서 얻은 조각들을 쥐고는 그들은 나의 전부를 소유했다고 믿었다. 그리고 그들이 내 옷의 일부 조각들을 입고 다녔기 때문에 그들 중 일부는 무지하게도 나의 봉사자로 받아들여졌고, 또 교육을 받지 못한 군중의 망상에 의해 타락하기도 하였다. 그러나 그대가 아낙사고라스(Anaxagoras)가 아테네에서 노주한 일, 또는 소크라테스가

---

14 에피쿠로스(Epicuros)의 추종자들과 스토아(Stoa)의 신봉자 등을 뜻함.

독배를 마신 일, 또는 제논이 겪은 고통들에 관해 — 이 모두가 낯선 이방의 사건들이라 해서 — 모르고 있다 치더라도, 카니우스(Canius)와 세네카, 소라누스(Soranus)[15]에 관해서는 — 그들에 대한 기억은 너무 고대에 속하지도 않고 잘 알려져 있기에 — 확실히 생각해 볼 수 있을 것이다. 그들의 죽음의 유일한 원인은 그들이 나의 방식대로 양육되었고, 따라서 그들의 행동과 지식 탐구가 저 사악한 인간들의 그것과는 사뭇 다르게 보였기 때문이었다. 그러니까 이 인생의 바다에서 우리가 주변에 휘몰아치는 폭풍우들에 의해 타격을 받는다 해도 이상히 여길 것이 없는 게 우리는 특별히 사악한 자들을 노엽게 만들도록 훈련되어 있기 때문이다. 그들의 세력이 크다 해도, 우리는 그들을 경멸의 대상으로 삼아야 한다. 왜 그런가 하면 그들은 지도자가 없이 그들의 광적(狂的) 무지(無智) 속에서 단순히 우왕좌왕 밀려다니기 때문이다. 만약 그들이 행여 우리를 향해 이동해 오고 우리 주변에서 과도하게 공격해 온다면, 우리의 선장 '지혜'는 그녀의 병력을 그녀의 아성(牙城)으로 후퇴시키는 반면, 우리의 적들은 분주히 그저 아무 소용없는 짐짝들을 약탈할 것이다. 그러나 우리는 그들의 모든 광적인 폭동으로부터 안전할 것이

---

15 아낙사고라스는 기원전 450년에 박해가 두려워 아테네에서 도주했고, 엘레아(Elea)의 제논은 기원전 5세기 중엽에 그의 고향 도시의 폭군을 제거하려는 노력에 참여하다가 죽었다고 전해지고, 소크라테스는 기원전 399년에 사형 언도를 받았고, 카니우스, 세네카, 소라누스는 황제들에 대한 스토아 파의 저항의 예들로 언급되고 있음: 카니우스는 칼리굴라(Caligula) 치하에서 서력 40년경에, 세네카와 소라누스는 네로(Nero) 치하에서 각각 서력 65년과 66년에 죽음을 맞이했음.

고 우리의 높은 위치에서, 그들이 가치 없는 모든 것들을 채어가는 것을 바라보며, 그들을 비웃을 것이다. 우리는 날뛰는 어리석음이 기어오를 수 없는 그러한 장벽에 의해 보호되고 있다."

시 IV

도도한 운명을 발밑으로 깔아뭉갠 자는,
잘 정리된 삶 속에서 평온하며,
행운과 불운의 면모를 직시하며,
정복되지 않은 머리를 아직도 꼿꼿이 세우고 있도다.
저 바닥으로부터 큰 물결을 위로 솟구치게
하는 바다의 격노와 위협도, 또
불안정한 베수비우스 화산이 자주 분화구로부터
연기 나는 화염을 밖으로 뿜어내는 일도, 또
번쩍이는 천둥번개가 때때로 높이 솟은 탑들을
내리치는 일도 그의 마음을 흔들어 놓지 못할 것이다.
무엇 때문에 비참한 사람들은 실재적[16] 권력이 없이
날뛰는 잔인한 폭군들 앞에서 망연자실하는 것인가?
희망과 두려움을 옆으로 밀어 놓아라,

---

16 이 문장의 맥락에서 보자면 진정한 권력은 세속적 의미에서 '실제적(實際的)' 권력이 아니고, 철학적 의미에서 실재(實在)하는 참된 권력을 의미함.

그러면 노여움은 무기력하고, 무기가 되지 못한다.
그런데 두려움 또는 욕망으로 떨고 있는 자는
마음이 변덕스럽고 자기 자신을 다스리지도 못한다.
그는 그의 방패를 던져버렸고 또 그의 초소(哨所)를 떠난 처지이고,
이제 그가 끌려다닐 수 있도록 사슬의 고리를 잇고 있는 것이다.

산문 IV

"그대는 이제 내가 지금껏 말한 것을 이해하였는가?" 그녀가
물었다. "혹은 칠현금 소리를 듣는 나귀가 아니라면,[17] 그것이
그대의 다친 마음에 족히 다가왔는가? 왜 그대는 그냥 울고 있
고 눈물만 뚝뚝 떨어트리고 있는 건가? 호메로스가 말하듯이,
'다 말해라, 그걸 네 마음속에 담아두지 마라.'[18] 만약 그대가
의사의 치료를 받고자 한다면, 그대는 상처를 다 내보여야 한
다." 그래서 나는 내 마음의 용기를 다 내어 말했다. "그대는 정
말 아직도 운명의 손으로부터 내게 부여된 그 가혹한 취급이
상기될 필요를 느끼나요? 이만하면 명백하지 않나요? 그대는
이 방의 모양새를 보고 측은한 생각이 들지 않았나요? 여기가
그대의 안전한 거처로 삼았던 도서실인가요? 바로 그 방에서
그대는 자주 나와 함께 앉아 인간적이고 신적(神的)인 사물들의

---

17 철학의 여신이 이 수난의 주인공에게 '쇠귀에 경 읽기'가 되지 않도록 다짐하
는 수사(修辭)적 표현.

18 《일리아스》, 1: 363.

지식에 관해 의견을 교환하곤 했죠. 지금의 이 꼴이 그 당시 나의 모습인가요? 또 지금 나의 얼굴 모습이 내가 그대와 더불어 앉아 대자연의 비밀을 캐어내곤 했을 때의 그 표정인가요? 그때 그대는 나를 위해 막대기로 별들의 행로를 그려 주었죠. 또 그때 그대는 나의 성격과 나의 삶의 일관적 태도를 저 천상의 모형에 따라 형성되도록 해주었죠. 이것들이 그대의 유순한 종복들이 얻게 되는 보상인가요? 바로 그대가 플라톤의 말을 통해 확립해 놓았던 원칙에 따르면, 철학자가 통치자이거나 또는 통치자가 철학자인 곳, 즉 그런 국가들에서만 행복이 깃든다는 것이었죠. 그대는 플라톤을 통하여 우리에게 역설하였던 것은 바로 그렇기 때문에 철학자들은 정치에 관여해야 한다는 것이었어요. 즉 국가들의 통치가 선량한 백성들에게 황폐와 파멸을 가져오게 마련인 그 비열하고 사악한 자들에게 맡겨져서는 안 된다는 뜻이었죠.[19] 바로 그 가르침에 부응하여 나는 공적 업무를 수행함에 있어 내가 사적(私的)인 여가를 즐기며 그대로부터 배운 바를 그대로 적용했던 것이에요. 그대를 철학자들의 마음에 심어 준 신(神)과 그대는, 좋은 사람들의 공통의 목적만을 지니게 하여 나를 관직에 임했소. 바로 그러했기 때문에 사악한 사람들과 심각하고 화해될 수 없는 논쟁들이 발생하였고, 그리하여 나는, 거리낌 없이 나의 양심을 지키기 위한 방책으로, 나보다 더 힘 있는 사람들의 감정을 해치고 있었다는 사실

---

19 서양사에서 서력 6세기 초에 그러한 정치적 담론이 존재했다는 것은 가히 혁명적이라고 사료됨.

에도 불구하고, 올바르고 합법적인 것을 언제나 주장해 온 것
이에요.

　　코니가스투스(Conigastus)가 약한 사람에게서 재산을 탈취하
려고 했을 때, 나는 얼마나 자주 그의 길을 막아섰던가? 또 왕
실의 사무장인 트리구일라(Trigguilla)가 어떤 불의(不義)를 저지
르고자 했거나 또는 실제로 이미 저질렀을 때도 나는 얼마나
자주 그를 좌절시키곤 했던가![20] 또 내 권위를 행사함에 있어
큰 위험에 처해지기도 했지만, 속물들의 끊임없는, 제지를 안
받는, 물욕에 의해 유발된 수(數)도 없이 악의적인 고발들로 인
해 시달림을 당했던 저 가난하고 비참한 사람들을 나는 얼마
나 자주 보호했던가? 지금껏 그 누구도 나를 법으로부터 불의
로 이탈시키지 못했다. 지방 가정들의 재산이 한편으로는 도둑
질에 의해, 다른 한편으로는 국가의 세금으로 인해 파멸되었다
는 사실은 피해를 당한 사람들 못지않게 나의 마음을 슬프게
했다. 참혹한 기근이 들었을 때 명령에 의한 보급품들의 강제
적 구매[21] ― 끔찍하고 옹호할 수 없는 조치였지만 ― 가 임박
해보였고, 그렇게 되면 캄파니아(Campania) 주가 궁핍에 빠지게

20　코니가스투스나 트리구일라에 관해서는 본문에 적힌 것 외에 별다른 사실이
알려져 있지 않음. 단 후자의 경우, 그는 보에티우스의 후계자로 동고트 왕 테오도
리쿠스의 관방 장관이 된 카시오도루스(Cassiodorus)가 보낸 한 편지의 수신자였
음.

21　그 당시 '강제 구매 Coemptio'는 군대의 보급품 조달에 쓰였으나 폐단이 많
았음. 그 속임수는 농산물 등을 값싸게 구매하여 더 비싼 가격으로 되파는 것이었
음.

될 것이 분명했기에, 나는 공익(公益)을 위해 근위대 장관과 한 판의 싸움을 마다하지 않았다. 그리고 왕의 면전에서 구매 조치의 집행에 반대하여 지론을 펼친 끝에, 나는 이겼다. 전직 집정관이었던 파울리누스의 재산이 법정의 사냥개 같은 인간들의 야망과 희망 속에서 거의 잃게 된 판국이었는데, 나는 그것을 삼키려고 딱 벌린 그들의 주둥아리 바로 앞에서 빼내었다. 전직 집정관인 또 다른 인사인 알비누스(Albinus)가 재판도 받지 않고 유죄 판정을 받았는데, 그를 보호하고자 한 나의 시도는 그의 고발인 퀴프리아누스(Cyprianus)의 적대감을 샀다.[22] 나에 대한 엄청난 반감을 내가 야기한 것으로 보이는가? 그런데 확실히 나는 법정의 다른 이들로부터 더 많은 지지를 받았어야만 했다. 왜 그런가 하면, 나는 정의를 경외하기에 궁중 신하들 사이에서 나 자신의 안전을 도모하기 위해 어떤 호의나 부탁도 추구하지 않았다.[23] 그렇다면 나를 추락시킨 고발인들은 누구인가? 그들 중 한 사람인 바실리우스(Basilius)는 왕실 관직에서 해고되어, 긴급하게 갚아야 할 빚 때문에[24] 나를 고발하였다. 다른 두 인물은 오필리오(Opilio)와 가우덴티우스(Gaudentius)였다. 그들은 많은 사기 행위들로 인해 왕에 의해 유배 처분이 내려졌었다. 그러나 그들은 복종하기를 거부하고 성당에서 성

---

22 소개글 참조.

23 보에티우스는 궁중에서 원로원을 전폭적으로 옹호했지만, 원로원으로부터 도움을 받기는커녕 그 체제는 궁극적으로 그에 대한 사형 선고를 인가했음.

24 보에티우스의 적은 그 빚진 자에게 돈을 대주고 고발인 노릇을 하게한 것임.

역 도피를 했다. 왕이 이 사실을 알게 되었을 때, 왕은 어느 정해진 날짜까지 그들이 라벤나(Ravenna)를 떠나지 않으면, 그들의 이마에 낙인을 찍고 거기서 쫓아내라고 명을 내리셨다. 이보다 더 혹독하게 다루어질 수 있었을까? 그런데 바로 그 날짜에 나에 대한 고발장이 접수되었는데, 그 위에 그들의 이름이 고발인으로 적혀 있다니! 나는 그대에게 묻습니다, 이게 무슨 의미입니까? 그것이 그때까지의 나의 공직 봉사가 받을 보상이란 말인가요? 그들에게 내렸던 직전의 유죄 판결이 그들을 공정한 고발인들로 둔갑이라도 시켰단 말인가요? 비록 고발당한 것이 결백은 아니라 해도, 적어도 고발인들이 그토록 비열하다는 사실에 행운은 수치심을 조금도 느끼지 못했다는 건가요?

그대는 한마디로 나에 대한 죄목이 무엇이었는지 알기를 원하시나요? 내가 원로원의 보전을 원했다는 것이죠. 그러면 어떻게 그 일을 했냐고요? 내 죄목은 고발인을 방해하여 원로원이 저지른 역모가 입증될 수 있는 증거들을 제출하지 못하게 했다는 것이에요.

귀부인이시여, 그렇다면 그대의 생각은 어떠신지요? 내가, 그대에게 치욕을 안겨주지 않기 위해, 고발 내용을 부인해야 할까요? 하지만 나는 그것[25]을 원했고 언제나 그 소망을 잃지 않을 것이오. 내가 죄목을 시인하고 말 것인가? 그러나 고발인

---

25 원로원이 보존되는 것을 의미함.

을 저지할 기회는 지나갔어요. 원로원 체제의 보존을 원했던 것이 잘못이었다고 말해버릴 것인가? 원로원은 나에 대한 판결과 포고를 내림으로써 이미 그 체제 자체가 쓸모없고 잘못되었음을 드러내었어요.[26] 그러나 언제나 자기 기만적인 무지(無智)는 사물의 참된 가치를 변화시킬 수 없어요. 달리 말하자면, 소크라테스의 원칙[27]에 따라, 내가 진실을 은폐하고 거짓을 허용하는 것이 옳았을 것이라고는 생각하지 않아요. 그러나 실상(實狀)의 진실이 무엇인지 나는 그대와 철인(哲人)들의 판단에 맡기겠소. 그럼에도 이 사건의 진면목이 은폐 속에 방치될 수는 없는 일이기에, 나는 그것이 기억되도록 여기 적어 놓았소. 그런데 내가 로마의 자유를 위해 힘써왔다고 뒷받침하는 위조된 문서들에 관해 이야기해보았자 얻을 것이 뭐가 있겠어요? 나를 고발한 자들의 자백을 내가 사용할 수 있도록 허락받았다면[28] 그것들의 허위는 만천하에 드러났을 거예요. 그

---

26 원로원은 왕으로부터 불가항력적인 해체 위협을 받고 보에티우스에 대한 사형 언도를 내렸다고 전해짐.

27 플라톤, 《테아이테토스 Theaitetos》, 151 d 참조. 소크라테스는 테아이테토스와의 대화에서 '그 자신에게 거짓을 통하게 하고 참된 것을 은폐하는 일은 허용되어 있지 않다'고 말하고 있음.

28 원문에 "uti licuisset 허락되어졌다면"이라고 문장이 끝나는데, 그 문맥에서 보면, 그 위증인들의 고백에 대해 '사용'이나 '접근'이 피소자의 입장에서 허용된다면 더 바랄 깃이 없다는 뜻. 문체가 고전적이고 웅축적이라고 사료됨. 키케로의 경우에서 보면, 카틸리나(Catilina)의 역모를 폭로함에 있어 키케로는 교묘하게 공범들의 자백을 끌어냈고, 그것으로 인해 카틸리나는 기원전 63년에 추방될 수 있었고 공화국은 구원되었음.

러한 방법은 그런 사건들을 처리함에 있어 언제나 큰 효력을 발휘해왔어요. 이제 희망할 수 있는 어떤 자유가 남아 있을까요? 어떤 자유가 조금이라도 있으면 좋으련만! 그때 나는 카니우스(Canius)의 말을 빌려서 대답했어야 했는데! 칼리굴라(Caligula)[29]가 말하기를, 카니우스가 칼리굴라 자신을 저해하려는 음모를 잘 알고 있다고 말했을 때, 그가 이렇게 대답했다고 하네요, '내가 그것에 관해 알았었다면, 전하는 그것을 결코 알지 못했을 겁니다.'

이 사건 와중에, 사악한 자들이 덕에 범죄적 해를 엄청나게 끼치려했다고 불평이나 할 정도로 비통함이 나의 감수성을 무디게 하지는 않았어요. 그러나 나는 그들이 희망한 대로 그들의 목적을 이룬 것을 매우 놀랍게 생각해요. 왜 그런가 하면, 저열한 욕망을 품는 것이 보통 인간의 결함이라 하더라도, 한 악인이 멋대로 마음에 품고 있는 것을 청렴결백한 이들에게 실제로 가할 수 있다는 것은 신의 시각(視覺)에서 볼 때 확실히 어처구니없는 일이에요. 그러니까 그대의 친한 친구들 중 한 사람이 다음과 같이 물은 것은 사리에 어긋나지 않죠. '만약 신이 있다면, 악은 어디에서 오는 겁니까? 반면, 신이 없다면, 선(善)은 어디에서 오는 건가요?' 모든 선한 이들 그리고 원로원 전체의 피를 원했던 사악한 자들이, 내가 착한 사람들과

---

29   원문에 "게르마니쿠스(Germanicus)의 아들 가이우스 카이사르(Gaius Caesar)"는 칼리굴라의 공식 명칭이고, 그는 서력 37~41년에 걸쳐 황제로 재임했고, 로마의 폭군으로 암살당했음.

원로원을 위해 싸우는 것을 지켜보고 있기에, 나를 파멸시키려고 덤비는 것은 조금도 이상할 게 없어요. 그러나 내가 원로원 의원 당사자들로부터 의당히 다른 대접을 받을 만하지 않나요? 나는 그대가 그때 일을 기억하시리라 믿어요. 그대 자신이 나와 더불어 나의 모든 언행을 지도하고 있었으니까요. 베로나(Verona)에 있던 왕[30]이 알비누스에게 내린 역모죄를 원로원 전체에 덮어씌우려고 — 그는 모두를 없애버리려고 혈안이 되어 있었기에 — 하였을 때, 내가 얼마나, 나 자신의 안위(安危)는 조금도 아랑곳하지 않으면서, 원로원 전체의 결백을 변호했는지 말이에요. 그대도 아시다시피, 조금이라도 나 자신에 관한 찬사를 읊조리기를 원해서가 아니라, 나는 이것을 진실로 언급하고 있는 것이에요. 그도 그럴 것이, 만약 어떤 사람이 그런 행위를 드러냄으로써 다른 사람들의 칭찬을 보상으로 받게 된다면, 자기 시인(是認)의 은밀한 정신적 만족감은 어느 면에서 감소하기 마련이니까요. 그런데 그대는 나의 결백의 결과가 무엇으로 드러났는지를 알고 있지요. 내가 행한 선에 보상을 받는 대신, 행하지 않은 악에 대해 벌을 받고 있는 것이에요. [죄를] 공개적이고 명백하게 시인(是認)하면, 그토록 만장일치로 냉혹한 재판관들일지라도, 틀리기 쉬운 인간 지성이나 모든 인간들에게 공통적인 행운의 불확실성을 참작하여 형량 완화 쪽으로 마음이 기울어지지 않는 그런 범죄가 있었던 적이 있나요?

---

30 동고트족 출신 테오도리쿠스.

만약 내가 어느 성당을 불태워버리고자 했다고 해서, 또는 신성모독적인 칼로 신부들을 살해하였다고 해서, 또는 모든 선한 사람들의 죽음을 도모하였다고 해서 고소를 당한다고 하더라도, 오직 내가 피고석에 출석하여, 죄를 고백하고 유죄로 판명된 후에, 재판 판결을 받아야만 해요. 그러나 나는, 거의 800킬로미터나 멀리 떨어져 있고[31] 나 자신의 변론을 펼칠 수 없는 처지인데도, 이제 원로원을 열성적으로 지지한 대가로 사형언도를 받고 나의 사재(私財)는 압류되었도다! 아아, 애달픈 내 처지여! 확실한 것은 그 누구에게도, 이와 같은 고소를 근거로, 유죄판결이 올바르게 내려질 수는 없는 것이리라!

심지어 고소장을 제출한 바로 그자들도 고소장이 지닌 가치를 잘 알고 있어요. 그것의 잘못된 내용을 어떤 얼룩진 부정으로 장식하기 위해서 그들은 거짓으로 주장하기를, 내가 높은 관직을 얻고자 하는 야망에서 신성을 모독해가며 나의 양심을 더럽혔다는 것이에요. 하지만, 나의 마음속에 거하고 있는 귀부인이여, 그대는 나의 영혼의 근저로부터 세속적인 사물들에

---

31 이탈리아 왕이 된 테오도리쿠스는 그의 전쟁으로 황폐화되었던 국토를 재건하였고, 특히 합당한 건물들을 개선(改善)하고 보수(補修)하여 그의 저택과 행정을 보는 궁정으로 사용하였다. 그러한 궁정들을 로마(Roma), 라벤나(Ravenna), 베로나(Verona), 파비아(Pavia)에 두고 있었는데, 보에티우스는 중부 해안도시 라벤나에서 테오도리쿠스 왕에 의해 처음으로 관방 장관으로 임명되었고, 베니스 윗 편에 있는 베로나에서 고소를 당했고, 그의 수감 생활은 중북부 도시 파비스 근처의 허술한 가옥에서 보냈음. 그러니까 그가 그의 수난을 기록할 당시 그는 로마의 원로원 법정으로부터 상당히 멀리 떨어진 곳에 위치하고 있었음.

대한 욕망을 몰아냈으며, 그리하여 바로 그대가 지켜보는 눈앞에서 신성모독이 될 여지를 만들었다는 것은 참으로 간악한 행위가 되었을 것이에요. 그도 그럴 것이 그대는 매일같이 저의 귀와 저의 마음속에 '신(神)을 따르라'[32]라는 피타고라스의 격언을 주입시켰으니까요. 그대가 나를 신과 닮게 만들려고, 그런 우월성을 갖추도록 나를 준비시켰었다는 것을 감안하면, 이제 가장 천박한 자들의 지지를 받고자 노력하는 것은 내게 전혀 합당하지 않아요. 그밖에도, 어떤 죄가 될 비밀들을 깊이 감추고 있지 않은 나의 집, 가장 좋은 사람들과의 우정, 또한 장인 쉼마쿠스 — 그대 못지않게 우러러볼 분이시기에[33] — 의 강직함 모두가 범죄 가능성의 혐의으로부터 저를 보호해 주는 것이에요. 그러나 아아, 간악한 자들! 저들은 너무나 불경하여, 실제로 그들은 그대에게서 거창한 고소의 증거를 모으고 있어요. 내가 바로 그대의 가르침에 흠뻑 젖어 있으며 또 그대의 법도에 따라 훈련받았기 때문에, 내가 그런 비행(卑行)과 떼어놓을 수 없는 한패로 보일 거예요. 그래서 그대에 대한 공경(恭敬)이 나에게 아무런 도움이 되지 못했을 거라는 것은 충분치 않아요. 아니, 오히려 내가 죄를 저질렀으니까 그대 또한 매도될 수밖에 없어요. 그리고 이제 나의 애로 사항들에 더 보태 말할 것은, 내가 알기로, 보통 사람들의 견해는 소송 사건의 참된 시비

---

32 엄격히 말하자면, 피타고라스의 격언은 아니지만, 고대 철학자들이 즐겨 신봉했던 처방들 중의 하나임.

33 알비누스는 신학 외에도 고대 희랍어와 철학에도 달통했던 인사. '소개글' 참조.

곡직에 눈길을 주지 않고 다만 행운의 결과만을 보고서 성공이 천거하는바 잘 예견된 그런 사항들만 판단하는 것이에요.[34] 그 결과는 불행한 사람들이 제일 먼저 그들의 좋은 명망을 잃는다는 것이에요. 사람들 사이에서 무슨 얘기가 오가고 또 나의 소송 건에 관해 서로 다른 견해들이 얼마나 많이 유포되고 있는지 나는 생각하기가 싫어요. 이 한 가지만은 말해야 하겠죠. 불운(不運)이 부과하는 마지막 짐은, 어느 비참한 사람들이 어떤 범죄로 고소당하여 그들이 받는 모든 고통은 받아도 싸다고 사람들이 말하는 것이에요. 그러니까 나는 이제 모든 재산을 박탈당하고, 명예를 다 잃고, 악한 잡담의 대상이 된 채, 선한 봉사의 대가로 벌을 받고 있는 것이에요. 그리고 내가 보아하니, 저 악인들은 그들의 범죄 제조 작업장들에서 악한 쾌락을 탐닉하고 있죠, 또 모든 타락한 인간들은 새롭게 제조한 거짓 고소들을 제기할 궁리를 하는 반면, 선한 이들은, 내게 일어난 일을 보고 겁에 질려, 두려움에 휩싸여 움츠러들고 있어요. 저 비열하고 사악한 자들은 벌을 받지 않으니 더욱더 대담해지고 또 그들이 받은 보상들로 인해 더 큰 범죄들을 저지르도록 격려되고 있어요. 반면 저 순진무구한 사람들은 그들의 안전뿐만 아니라 자신들을 방어할 기회마저도 박탈당하고 있는 것이에요." 그리하여 나의 절규는 시작되는도다.

---

34 일설에 의하면 보에티우스가 테오데리쿠스의 후계 분쟁에서 이기는 편이 아니라 지는 편에 지지를 표명한 것이 화근이 되어 그에게 불리하게 작용했다고도 함.

시 V

오, 별들의 운행 궤도를 지으신 이여,

당신의 영원한 권좌에 앉으셔서

빠른 터빈으로 온 하늘을 움직이시고

별들이 법칙에 따라 움직이도록 다스리신다.

그리하여 한때는 활기차게 빛나는 초승달이

그녀 오빠인 해의 모든 불꽃을 반사하며

더 작은 모든 별들을 감추어두고,

또 다른 때는 포이보스[35]에 가까이 가면서

창백한 그믐달이 되어 그녀의 빛을 잃어버린다.

혹은 땅거미가 질 무렵 비너스[36]가

저녁별로 냉랭하게 떠오르는가 하면,

다음 해 뜰 무렵이면 아침별로 창백해지며,

그녀의 오랫동안 익숙한 고삐[37]를 다시 늦춘다.

당신은 나뭇잎이 우수수 떨어질 때면 겨울의 냉기로

짧은 날의 빛을 들여놓으시고,

여름이 뜨겁게 다가오면, 당신은

밤의 시간들이 빨리 지나가도록 재촉하신다.

당신의 권력이 해가 바뀌기를 명(命)함에 따라

---

35 원문 'Phoebus'는 해의 신 아폴론의 호칭.

36 원어 'Lucifer'는 금성(Venus)을 일컬음.

37 원문 'habenae'는 비유적으로 '통치의 고삐'를 의미함.

북풍이 앗아간 나뭇잎들을 서풍은

온화한 푸른 잎들로 다시 가져오는도다.

대각성(大角星)[38]이 잠자는 씨앗들로 보았던 것이

천랑성(天狼星)[39] 밑에서는 크게 자란 작물로 익어가는도다.

그 어느 것도 당신의 태고로부터의 정연한 질서에서 벗어나지 않고

그것 본연의 임무를 필히 수행하는도다.

당신은, 확실한 목적을 지니고 모든 것을 지배하고 있지만,

인간의 행위들만은,

의당히 할 수 있음에도, 강제하지 않으시는도다.

그런데 왜 미끄러운[40] 행운[41]은 그토록 많은 변화들을

야기하는 건가? 순진무구한 사람들이 범죄자가 받아야 할

무서운 형벌들을 감내하고 있고 또

사악한 풍습들은 높은 권좌에 앉아 있고 또

사악한 자들은 부정(不正)한 보상(補償)을 받고

선한 이들의 목들을[42] 그들의 발로 짓밟고 있도다.

---

38 원문 'Arcturus'는 목자자리(Boötes)에서 가장 큰 별로 광도(光度)는 태양의 광도보다 83배가 된다고 하고 9월에 처음 뜬다고 함.

39 원문 'Sirius 시리우스'는 7월 말에 뜬다고 함.

40 원문 'lubrica'는 '교활한' 또는 '믿을 수 없는' 등의 뜻도 있지만 여기서는 중립적 표현이 타당하다고 사료됨.

41 원문 'Fortuna'는 '행운'으로 번역하는 것이 관례이지만, 그 철학적 의미에서는 단순히 '운(運)' 또는 '운수'로 간주하는 것이 타당하다고 사료됨.

42 원문 'sancta colla 성스러운 목들'에서 보면 필자가 서민들의 목숨을 얼마나 귀히 여겼는지를 짐작케 함. 'sanctus'는 또한 '불가침의' 뜻도 있음.

덕의 밝은 빛은 희미해져 어둠에 감추어져 있고

부정(不正)한 사람의 중상모략을

공정한 사람이 견디어 내도다.

어떤 위증도, 거짓의 색채로 분장한

그 어떤 사기 행각도 그들 자신에게 해를 입히지 않는도다.

그러나 그들이 힘을 사용하고 싶어지면,

무수한 백성들이 무서워하는

위대한 왕들을 굴복시키기를 즐기도다.

오, 이 세상의 만물을 법도(法度)로 다스리시는 신이시여,

이 비참한 세상을 굽어 살피소서!

이 거창한 창조계의 결코 값싼 존재가 아닌

우리 인간들은 운명의 큰 바다 위에서 부대끼고 있습니다.

지배자시여, 급히 몰아치는 파도들을 견제하여 주시고,

거대한 우주를 통치하시는 바의 그 안정된

법(法)에 따라 이 지상을 평안히 다스려 주옵소서!

산문 V

내가 이와 같이 누그러들지 않은 비탄을 쏟아 붓고 나니, 그녀
는 나의 불평에도 흔들림이 없이 평온한 표정으로 말했다. "나
는 그대가 비통한 심정에서 흐느끼는 것을 보았을 때, 나는 곧
바로 그대가 비참하게 추방당했다는 것을 알았네. 그대의 연설
이 내게 말해 주지 않았다면, 나는 그 추방이 얼마나 멀리서 온

것인지를 알지 못했을 걸세. 그러니까 그대는 고향 땅에서 상당히 멀리 떨어져 와 있는 것이구면! 내 말은 이탈했다는 것이지, 쫓겨났다는 것은 아니야. 하지만 남들이 그대가 쫓겨났다고 생각하기를 바란다면, 그대는 자신을 참 멀리도 쫓아냈네! 그도 그럴 것이, 그대의 경우에는, 어느 누구도 이렇게 행하는 것은 불가능했을 것이네. 그대는 무엇이 그대의 고국(故國)[43]인지를 기억해야 하네. 옛 아테네 사람들의 고국처럼 다수의 지배자에 의해 통치되는 식이 아니야, '거기엔 한 통치자, 한 왕이 있어',[44] 그는 백성들과 어울리는 것에서 기쁨을 구하지, 그들을 쫓아내는 것은 말이 안 되네. 그의 손에 의해 인도되고 그의 정의(正義)에 복종하는 것이 참다운 자유이네. 확실히 그대는 예부터 내려오는 그대의 고향 도시의 근본 법을 알고 있지 않은가? 즉 그것의 규정에 따르면 그곳에 살기로 선택한 자는 그 누구도 추방하는 것은 옳지 않다는 것 말일세. 도시의 담과 축성 안에 안주하는 자는 그 누구도 추방의 벌을 조금도 두려워할 필요가 없다는 것이지. 그러나 거기서 살고 싶어 하기를 중단하는 자는 그 누구도 그렇게 함으로써 거주의 자격을 상실하고 마는 것이지. 그래서 나는 그대 거처의 겉모양새보다 그대의 얼굴 모습에 더 가슴이 뭉클해지네. 내가 찾고 있는 것은 상

---

43 보에티우스는 로마 귀족 가문 출신이기 때문에 고향은 로마이고 그 자신 그렇게 의미하고 있지만, 플라톤주의자들의 참다운 고향은 천상에 있는 영혼의 집임. 여기서 '고향'이 지닌 이중의 뜻에 주의할 필요가 있음.

44 호메로스,《일리아스》, ii. 204―205 참조.

아와 유리로 장식된 도서실 벽들이 아니라 그대 마음의 거처이네. 내가 거기에 비치(備置)한 것은 책들이 아니라 책들에 가치를 부여하는 것, 즉 고대로부터 내려오는 나의 저술들 속에서 발견되는 신조(信條)라네.

그대가 공익을 위해서 한 봉사에 관해서 말하는 것은 맞기는 하지만, 그대가 이룩한 수 많은 일들을 고려해 본다면, 그대가 열거한 것은 정말 하찮은 것에 불과하네. 그대는 그대에게 취해진 규탄(즉 근거 없는 주장)들에 대해 언급하였는데, 세상은 그것들이 거짓인지 또는 참된 것인지를 다 잘 알고 있네. 그대의 고발인들의 죄악들과 위증들에 관해 그저 간략히 언급해도 족하다고 생각한 것은 물론 옳았네. 그도 그럴 것이 그것들은 저잣거리 사람들의 입에 오르내리고 일반 사람들에게 더 잘, 그리고 더 상세히 알려져 있기 때문이네. 그대는 또한 원로원의 불공정한 행위들에 관해 불평을 훨씬 효과적으로 토로하였네. 그리고 그대는 고소장에 나도 포함되어 있다는 사실을 개탄하였고 나의 명망에 해가 가해진 것에 눈물을 흘렸네. 끝에 가서 그대의 비탄은 그대의 불운을 향해 솟구쳐 올랐고, 그대는, 그대가 받은 보상이 그대의 공적에 미치지 못했다는 사실을 개탄하며, 그대 심정의 토로를 마치면서 이렇게 운문으로 기도하였네, 하늘을 다스리는 평화가 또한 지상을 다스릴 지어다. 그러나 이제 그대는 여러 다른 감정들의 소용돌이 속에서 부대끼며, 또 비탄, 노여움, 슬픔은 제각기 다른 방향으로 그대를 이끌어가니, 바로 이것이 그대가 처해 있는 심리상태이기 때문에, 그대는 다소 강한 처방을 받을 준비가 아직 되어 있지 않네. 그러니까 우리는[45] 얼마 동안 훨씬 더 온화한 처방을 사용할 걸세. 그리하여 우리의 더 부드러운 매만짐을 통해 열정과 근심들의 영향으로 심하게 부어오른 모든 것이 부드러워져 더 고통스럽고 더 강한 요법으로 치료받을 수 있게 하려는 것이네."

시 VI

태양 광선으로 혹심하게
게자리별이 이글이글 탈 때,[46]
받아들이지 않는 밭고랑에
그의 씨를 뿌리는 자는,
곡식 거둘 생각은 말고, 참나무들 밑에서
도토리나 주우러 가야 하네.
맹렬한 북풍을 맞아 와스스하며
풀들이 그들의 풀대들을 흔들어댈 때,
그대는 결코 붉게 물들어가는 숲속에서
오랑캐꽃들을 따 모으려고 하지 않을 것이리라.
혹은 그대가 알이 찬 포도들을 원한다면, 봄철에

---

45 보에티우스 문체에서 일인칭 단수 '나'는 자주 '우리'로 표현됨.

46 6월 20일과 7월 20일 사이의 무더위를 지칭함.

포도나무 가지들을 무작정 쳐내려고 하지 않을 것이리라.

바쿠스는 그의 선물을

가을이 되어야 준다네.

신은 각 계절을 점찍어

고유의 의무를 행케 한다네.

또 그가 정한 질서가

혼란스럽게 되는 것을 용인하지 않네.

그러니까, 앞으로 내달리며

질서를 이탈하는 그 어느 것도

행복한 결말을 맺지 못한다네.

산문 VI

"이제 무엇보다도 먼저, 단순한 질문 몇 개를 하려하는데 그대
는 허용하겠는가? 즉 그대의 심경을 답사하고 시험해서 그대
의 정신 상태에 어떤 치료 방법이 가장 좋은가를 알아보려는
것이네."

"당신이 합당하다고 생각하는 대로, 원하시는 것을 물어 보
세요, 그러면 제가 대답하겠어요." 내가 대답했다.

"그러면 자네 생각에, 이 세계는 무작위하고 우연한 사건들
에 의해 지배되고 있는 건가, 아니면 그것의 방향이 합리적으
로 이루어진다고 믿는 건가?" 그녀가 말했다.

"글쎄요, 그처럼 규칙적인 그 어느 것도 무작위로 또는 우

연에 의해 작동된다고는 결코 상상할 수 없을 거예요. 창조자이신 신이 그의 창조계를 감독하고 있음을 알고 있고, 나에게 그 진실의 확실성을 뒤집게 할 그런 시간은 결코 도래하지 않을 거예요."

"좋아요," 그녀가 말했다. "그것은 바로 그대가 조금 전에 읊조린 시구(詩句)들의 요지(要旨)였었네. 즉 그대는 인간만이 신(神)의 주의 깊은 보살핌의 영역 밖으로 떨어졌다고 비탄하였는데, 그 외의 것은 모두 이성에 의해 지배된다고 그대가 굳게 믿었기 때문이었네. 그러나 나는 그대와 같이 건전한 견해를 가진 사람이 그처럼 넌더리를 내는 것에 정말 놀랐네! 하지만 이 문제를 좀 더 깊숙이 들여다보기로 하세. 무언가가 빠져 있다는 것이 내 생각이네. 그대는 세계가 신에 의해 인도되고 있다는 것을 조금도 의심치 않으니까, 그대는 그것이 무슨 종류의 통치에 의해 인도되고 있는지 감지하나?"

"나는 당신이 의미하는 바를 거의 이해할 수가 없어요," 내가 말했다. "그러니 대답하기는 더 어려워요."

"내가 어떤 것이 빠져 있다고 말했을 때, 내 말이 틀리지 않았지, 그렇지 않나? 그건 말하자면 튼튼한 담에 난 갈라진 틈 같은 것인데, 거기를 통해 그대의 두통거리가 그대의 마음속으로 파고들어 병이 된 것이네. 그런데 말해 보게, 사물의 결말이 무엇인지 그대는 기억하는가? 무슨 목적을 향해 온 자연이 방향을 잡고 움직여 가는가?"

"나는 그런 것을 언젠가 들은 적이 있어요," 내가 말했다.

"그러나 고통과 비통함이 기억을 쇠약하게 했어요."

"그러나 적어도 그대는 모든 것이 어디에서 왔는지 알고 있나?"

"그럼요." 그리고 모든 것이 신에서 오는 것이라고 말했다.

"그렇다면, 그대가 사물의 근원을 알고 있는데, 어찌하여 사물의 결말을 모를 수가 있는가? 이 두통거리들의 본질과 힘은 서있는 사람을 옆으로 밀어놓을 정도로 대단하지만, 그의 입지에서 그를 잡아 떼어내고 그의 뿌리를 완전히 뽑아내지는 못한다네. 이제 나는 그대가 이 질문에 대답을 해주면 좋겠네. 그대는 그대가 한 인간이라는 사실을 잘 의식하고 있는가?"

"내가 어떻게 그렇지 않을 수가 있나요?"

"그렇다면, 그대는 인간이 무엇인지를 말할 수 있는가?"

"내가 죽을 수밖에 없는 운명을 지닌, 합리적 동물이라는 사실을 내가 알고 있는지를 당신은 묻고 있으신 거죠? 나는 그 사실을 알고 있고 또 그러한 존재임을 인정합니다."

"그런데도 그대는 그대가 그 이상(以上) 가는 무엇인지는 알지 못하는가?"

"모르겠어요."

"나는 이제 그대의 병의 다른 원인, 가장 커다란 원인을 알겠네," 그녀가 말했다. "그대는 그대가 무엇인지를 잊어버렸네. 나는 그대가 왜 병이 나 있고 그대를 어떻게 치료해야 하는지를 정말 이해하고 있네. 그도 그럴 것이, 그대는 진정한 자아를 잊고 헤매고 있기 때문에 그대가 유배자인 것을, 그대의 재산을 박탈당한 것을 애도하는 것이네. 그대는 모든 사물들의 목적지와 결말을 정말 모르고 있기에, 그대는 악하고 고약한 사람들이 행운을 즐기고 있고 또 힘이 있다고 생각한다. 그대는 이 세계가 무슨 종류의 통치에 의해 인도되고 있는지를 정말 잊어버렸기에, 그대는 이 모든 운(運)의 흥망성쇠가 통제되고 있다고 생각하지 않는다. 이 모든 것들은 그저 단순히 병만을 일으키는 것이 아니라, 죽음마저도 유발할 수가 있네. 그러나 내가 모든 건강의 창시자에게 감사하는 것은 그대가 아직은 그대의 본연의 천성을 모두 잃지 않았다는 사실이네. 그대의 건강을 불러일으킬 가장 좋은 불쏘시개는 세계의 통치에 대해 그대가 품고 있는 그대 자신의 진정한 의견 — 즉 통치는 우연한 사건들의 무작위성이 아니라 신성한 이성에 의해 좌우된다는 믿음 — 이라네. 그러니 두려워하지 말게, 왜 그런가 하면 그것이 지금은 작은 불씨이지만, 그것으로부터 그대 생명의 온기는 다시 타오를 걸세. 그러나 아직은 강력한 치료제를 쓸 때가 아니네. 인간의 마음은 명백히 참된 견해들을 상실할 때 그릇된 견해들을 받아들이도록 되어 있네. 그리고 그렇게 되면, 그릇된 관념들로부터 안개가 피어올라 올바른 시각(視覺)을 흐리게 하네. 그러니까 나는 얼마 동안 온화하고 온건한 치료법으로 안개를 사라지게 하려네. 그렇게 해서 이 기만적인 관념들의 어둠이 걷히는 때에, 그대는 영광스러운 진리의 광채를 인식할 수 있을 것이네."

시 VII

어두운 구름들에 가린 구름들은
어떤 빛도 낼 수 없도다.
남풍의 폭풍우가 바다의
휘몰아치는 파도들을 솟구쳐 올릴 때,
한때 유리처럼 투명하고
맑은 날처럼 평온한 물결은 이제
바닥에서 들쑤셔진 모래로 흙탕물이 되어
우리의 시선을 흐리게 한다.
높은 산에서 흘러내리는 강물은
댐에 막히고 저 울퉁불퉁한 암벽에서
떨어진 바위들로 저지될 수 있다네.
그대 또한,
진리를 분명히 보며 정도(正道)를
똑바로 걷기를 원한다면,
기쁨을 던져버리게,
두려움을 던져버리게,
희망과 비탄을 떨쳐버리게.
이것들이 설치는 곳에서
마음은 구름이 끼어 제지되고 흐려지는도다.

철학의 위안

제1권이 끝나고
제2권이 시작된다

산문 I

그 다음 그녀는 얼마 동안 잠자코 있더니, 조용하고 겸손한 태도로 나의 주의력을 사로잡자, 이렇게 말하기 시작하였다. "만약 내가 그대가 앓고 있는 병의 원인들과 성격을 제대로 이해하였다면, 그대가 지녔던 과거의 행운에 대한 욕망과 동경으로 인해 그대는 기진맥진해 있네. 그대의 정신을 그렇게 내던져버린 것은 단순히 그대의 운수의 변천이라고 그대는 상상하고 있네. 나는 저 운수(運數)[47]라고 하는 괴물의 온갖 술수를 다 알고 있네. 특히 그녀가 속이고자 시도하는 사람들에게 보여주는 그 매혹적이고 다정한 태도 말일세. 사람들이 전혀 예기치 않을

---

47 원문 'fortuna'는 '행운', '운' 또는 '운수'로 번역되고 이해되는데, 그것이 의인화할 때는 '행운, 운명, 운의 여신'으로 이해되며 여성임.

때, 그녀는 그들을 떠나버리면서 견디기 어려운 슬픔으로 짓밟아 버린다네. 그녀의 정체가 무엇이고 어떻게 행동하는지 그리고 그녀의 진짜 가치를 그대가 그저 한 번 상기해 본다면, 그대가 그녀로부터 지금까지 어떤 가치 있는 것을 받은 것도 따라서 잃은 것도 없었다는 것을 인지하게 될 걸세. 나는 그대가 이것을 기억하도록 하기 위해 힘든 작업을 해야 한다고 생각하지 않네. 따지고 보면, 그녀가 매혹적인 미소를 지으며 그대와 함께 있었을 때, 그대는 남자답게 단호한 언어로 또 우리의 전당에서 습득한 담론으로 그녀를 공격하곤 했지. 그러나 한 개인이 처한 상황의 그와 같은 급격한 변화는 어떤 심적 혼란을 야기 시키지 않고는 일어나지 않는다네. 그런 고로 그대마저 얼마 동안 그대 본연의 평정(平靜)을 잃고 만 것이네. 그러나 이제 그대가 약간의 부드럽고 상쾌한 약제를 택할 때가 되었네. 그대가 그것을 잘 받아 흡수하면, 그대는 더 강력한 의약을 들 준비가 되는 걸세. 그러니까 우리는 수사학의 감미로운 설득력을 사용해보기로 하세.[48] 수사학은, 우리 토양에서 자라난 음악과 조화를 이룰 때에만, 어떤 때는 경쾌하게 또 어떤 때는 근엄하게, 우리의 가르침으로부터 이탈하지 않고 정도(正道)를 견지할 수 있네.

오, 인간이여, 그대가 그처럼 눈물을 흘리며 애통해 하도록 그대를 내팽개친 것이 무엇이던가? 그대가 받은 충격은 보통

---

48 여기서 '부드러운 약제'로 등장하는 수사학은 고대로부터 특히 키케로에 의해 철학의 가까운 동맹으로 간주됨.

이 아니었다고 나는 생각하네. 그대는 운명의 신의 태도가 달라졌다고 상상하고 있는데, 그건 그대가 틀린 것이네. 그녀의 방식은 늘 이랬고, 그녀의 본성은 이렇다네. 뒤집어 말하자면, 그녀가 그대에게 행한 모든 것은 그녀의 일정(一定)치 않은 기질을 일정하게 유지한 것이네. 그녀가 미소를 짓고 있었을 때도, 또 그녀가 거짓된 행복의 유혹물들로 그대를 현혹시켰을 때도, 그녀는 바로 똑같은 인물이었네. 그대는 단순히 이 눈먼 신의 변화하는 용모를 발견한 것뿐이야. 다른 사람들에게는 아직도 자신을 감추고 있는 그녀가 그대에게는 자신의 모습을 완전히 드러냈던 것이네. 만약 그대가 그녀를 인정한다면, 불평하지 말고 그녀의 방식대로 따르게. 만약 그대가 그녀의 배신행위를 혐오한다면, 사람이 파멸하도록 농락을 일삼는 그녀를 퇴짜 놓고 거부하게. 그대는 그녀가 그대의 크나큰 슬픔의 원인이라고 생각하고 있는 거네. 그러나 바로 그 같은 운명의 신이 그대를 쉬도록 만들어 주었어야 했지. 그녀는 그대를 떠났으니 말이네. 그리고 어느 사람도 그녀가 그대를 떠나지 않으리라고 그렇게 확실하게 느낄 수는 없을 것이네. 혹은 그대가 잃게되어 있는 행복이 귀중하다고 생각하는 것인가? 행운의 여신이 그대와 함께 있을 것이라고 신뢰할 수 없고, 또 그녀가 그대를 떠날 때면 그대에게 슬픔을 안겨 줄 것임에도 불구하고, 그대와 함께 있는 동안엔, 그대에게 그녀는 그처럼 소중한가? 그러나 만약 그대가 그녀를 붙들어 놓기를 원해도 그렇게 될 수 없는 것이고 또 그녀가 달아나면서 뒤에 남겨 둔 사람들이 그처럼 비참해진다면, 이 일시적인 여신은 장차 닥쳐올 비참함의 확실한 신호가 아니라면 무엇인가? 사람의 눈앞에 있는 것을 숙고하는 것으로는 정말 충분치가 않다네. 신중함은 어떻게 사물들이 미래에 귀결될 것인가를 가늠한다네. 또 미래의 가변성(可變性)과 모호성 그 자체는 두려움을 주입시키려는 운명의 여신의 위협과 더불어 행운에 대한 욕망을 불러일으키는 그녀의 아첨을 무력하게 만든다네. 끝으로, 그대가 목을 내밀어 그녀의 멍에를 멘 이상, 운명의 여신의 터전에서 그대에게 닥치는 것은 무엇이던지 침착하게 감내해야 하네. 그리고 만약 그대가 내연녀로 자유롭게 선택한 그녀에게 지켜야 할 규칙들을, 특히 얼마나 머물다가 언제 떠나야 하는지를 지정해 놓고자 한다면, 그대가 변경할 수도 없는 그대의 운명을 그대의 조바심으로 인해 훨씬 더 나쁘게 만들어 버리게 되지 않겠는가? 만약 그대가 바람 쪽으로 돛폭들을 펼친다면, 그대는 바람이 그대를 데려가는 데로 따라가야지 그대가 원하는 데로 갈 수는 없다. 그대가 땅에 씨를 뿌린다면, 그대는 흉년과 풍년을 견주어야 한다. 그대는 운명의 여신의 통치에 자신(自身)을 맡긴 것이다. 그대는 그대 내연녀의 방식들을 수용해야 한다. 그대는 정말로 그녀의 돌아가는 바퀴를 정지시키려 하려는가? 아이고, 그대는 살아있는 제일 큰 바보이네, ─ 만약 그것이 한 번이라도 정지하면, 그것은 더 이상 운명의 바퀴가 아닌 것이네."

시 I

그녀는 그러니까 거만한 손으로 운명의 바퀴를

간만(干滿)의 조류처럼[49] 이리저리 돌린다.

전부터 두려움의 대상이었던 왕들을 가차(假借)없이 짓밟고,

정복당한 자의 초라한 얼굴을 치켜세우는 듯하더니,

단지 그를 조롱하는 것에서 그친다.

그녀는 비참한 사람들의 울부짖음을 들어보려고도

또는 돌보지도 않고, 더 나아가 그녀 자신이 무자비하게

야기한 신음 소리들에 미소 짓는다.

그렇게 그녀는 유희하며, 그녀의 추종자들에게

대단히 놀라운 일들을 보여주며,

그렇게 그녀는 그녀의 힘을 과시하는가 하면,

그 시간에 어떤 사람은

처음에 낭패한 것 같더니 성공하고 만다.

산문 II

"그런데 나는 운명의 여신의 말을 빌려 얼마 동안 그대와 얘기를 더 해보고자 하네. 그러니까 그녀의 타당성 요구가 정당한

---

49 'aestuans Euripus 굽이치는 에우리푸스'로 되어 있는데, 그것은 에우보이아(Euboea)와 보이오티아(Boeotia) 사이의 좁은 해협을 일컫고, 그곳의 조류는 변동이 심하다고 함.

지 좀 생각해 보게. 그녀가 말하네. '그대 인간이여, 무엇 때문에 매일같이 불평들을 늘어놓으며 나를 고발하는 것이냐? 무슨 재산을 내가 그대로부터 가로챘는가? 부(富)와 관직 소유의 문제를 놓고 어느 재판관 앞에서든지 한 번 시비를 가려보세. 그래서 그대가 그러한 것이 어느 (죽을 수밖에 없는 운명에 처한) 인간의 소유 자산이라는 것을 보여 줄 수 있다면, 나는 곧바로 또 아주 기꺼이 그대가 다시 받고자 하는 사물들이 정말 그대의 것이라고 인정할 것이네. 자연이 그대를 어머니의 자궁에서 가져왔을 때, 나는 모든 점에서 벌거벗고 가난한 그대를 받아들였네. 나는 그대를 부양했고, 그대에게 친절할 준비가 되어 있어서, 나의 부를 쏟아 부으며 그대를 응석받이로 기르기까지 했는데, 그 관용이 지나쳐 그대를 망치고 말았네, — 바로 그것 때문에 그대는 이제 나에게 화를 내고 있는 것이네. 나는 한때 내 수중에 있는 모든 종류의 부유함과 찬란함으로 그대를 감쌌었지. 이제 내가 준 것을 되돌려 받는 것이 내겐 합당하네. 그대는 그대의 것이 아니었던 것의 사용을 즐긴 것에 대해 나에게 감사할 일이지, 마치 그대가 전적으로 그대 자신의 것인 그 무엇을 잃은 것처럼 불평해서는 안 되네.[50] 우리에[51] 의해 그대에게 어떤 폭력도 행사되지 않았네. 부, 명예 등등은 나의 재량권에 속해 있네. 그들은 나의 시녀들이네. 자기들의 여주인을 잘 알고 있기에, 그들은 나와 함께 오기도 하고 가기도 하네. 내가

---

50 동양의 격언: 공수래공수거(空手來空手去) 참조.

51 일인칭 단수 '나'의 의미로도 이해될 수 있음.

아주 단호히 말하건대, 그대가 손실을 보았다고 불평하고 있는 것들이 정말 그대의 것이라면, 그대는 그것들을 결코 잃지 않았을 것이네. 혹은 나에게만 나의 권리를 행사하는 것이 허용되지 않았겠는가? 하늘은 맑은 날들을 가져오고 나서 또 다음엔 그것들을 밤의 어둠속에 감추는 것이 허용되어 있다. 한 해는 지상의 용모에 꽃들과 열매들의 왕관을 짜 넣다가, 모습을 다시 비와 서리로 혼란스럽고 흐릿하게 만들어도 된다. 바다는 부드럽고 평온하게 미소를 짓다가도 몸서리치며 폭풍우들과 큰 파도를 일으킬 권리를 지니고 있다. 그런데 나만이 인간들의 물릴 줄 모르는 욕망에 의해 나의 본성에 맞지 않는 불변성을 지니도록 강요될 것인가? 이것이 나의 특성이고, 이것이 나의 끊임없는 게임이다. 나의 바퀴를 재빨리 돌리면서, 나는 높이 있는 것을 아래로 끌어내리고, 아래에 있는 것을 높이 끌어올리기를 즐긴다. 그대가 원한다면, 다음과 같은 조건하에 올라가게. 나의 경기(競技) 과정이 요구하게 되면 언제고 내려가야 한다는 것이 그릇되지 않다고 생각하는 조건이다. 그대가 내 방식들을 전혀 모를 수 있단말이냐? 그대는 뤼디아 인들의 왕 크로이소스[52]의 이야기를 알고 있지 않았나? 어떻게 그가, 얼마 전까지만 해도 퀴로스에게 엄청난 공포의 대상이었다가 다시 퀴로스에 잡혀서 화형을 받기 위해 장작더미 위에 비참하

---

52 원문의 'Croesus 크로이소스'는 페르시아의 왕 퀴로스(Cyrus, 기원전 6세기 경)에게 포로가 되었다가 구제된 후 그는 후자에게 다음과 같이 경고하였다고 함: "운명의 바퀴는 같은 사람이 영원히 번성하는 것을 허락하지 않는다."

게 앉아 있는데, 하늘에서 내린 폭우에 의해 구제된 이야기 말이네. 그대는 착한 사람이었던 아이밀리우스 파울루스가 포로로 잡은 왕 페르세우스[53]의 비참한 운명에 경건한 눈물을 흘렸다는 것을 잊었는가? 비극 작품의 울부짖음은 행복한 상태들이 운명의 무분별한 타격들에 의해 전복된다고 하는 비탄이 아니라면 무엇이겠는가? 그대는 청소년 시절에 유피테르의 문지방엔 '두 단지들이 있는데, 한 단지에는 악들이, 다른 단지에는 축복들이 담겨 있다는 것을'[54] 배우지 않았나? 그대가 그대의 몫 이상으로 축복들을 지녔다고 가정해 보게. 내가 그대를 완전히 내버리지 않았다고 가정해 보게. 또 바로 나의 이 가변성이 좋은 원인이 되어 그대로 하여금 앞으로 다가올 더 나은 것들을 희망하게 한다고 가정해 보게.[55] 아직은 애태우며 시간을 보내서도 안 되고, 그대는 모든 사람을 포용하는 왕국에 속해 있는 고로 그대 자신에게 특유한 법 아래서 살기를 원해서도 안 되네.'"

---

53 로마의 사가(史家) 리비우스(Livius)에 따르면, 원문의 'Paulus 파울루스'는 로마의 장군으로 제3차 마케도니아 전쟁에서 마케도니아의 왕 페르세우스(Perseus)를 서기전 168년에 퓌드나(Pydna)에서 격파하고 나서 인간 만사 즉 운명의 불확실성에 관해 도덕적 교훈을 남겼다고 전해짐.

54 호메로스《일리아스》xxiv, 527.

55 이 운명의 여신의 단평은 보에티우스에게 집행유예의 가능성이 있었음을 암시하는데, 테오도리쿠스가 동로마 제국의 황제 유스티누스와 동고트 족에 대한 처우 개선 문제를 두고 협상하던 와중에서 쉼마쿠스와 보에티우스가 볼모로 잡혀 있던 것이 그 배경이다.

시 II

풍요(豐饒)가 가득 찬 뿔[56]로부터,

바람맞은 바다 물결에 의해 솟구쳐 오른 모래알들만큼,

혹은 맑은 밤하늘에 빛나는 무수한 별들만큼,[57]

여신[58]이 부(富)를 쏟아 붓고 있고 또

결코 그녀의 손을 멈추지 않는다 해도,

인간 집단은 그들의 비참한 사항들에 관해

불평하기를 그치지 않을 것이다.

또 신(神)이 인간들의 기도에 부응하여

많은 금(金)을 기꺼이 선사하고 또

원하는 자들에게 명예들을 안겨준다 해도,

그들의 이득은 그들에게

하찮게 보이리라. 이득을 집어삼키는 그들의 욕심은

새로운 아가리를 벌린다. 어떤 재갈들이 이 무모한 욕구를

공고(鞏固)한 테두리 안에 붙들어 놓을 수 있겠는가?

부가 넘치는 사람들에게서조차

이득에 대한 갈망은 여전히 불타고 있도다.

---

56 어린 제우스에게 젖을 먹였다는 염소의 뿔.

57 로마의 대 시인 카툴루스(Catullus)의 7번시에서 나오는 비유로, 그가 연인 레스비아(Lesbia)로부터 얼마만큼 키스를 받기를 원하느냐는 질문에 한 대답.

58 원문 'pleno copia cornu'는 문자 그대로는 '풍요가 넘치는 뿔에서'란 뜻임. 이는 'cornucopia 풍요의 뿔'로, 더 나아가 '풍요의 여신'으로 흔히 의인화 되는데, 그녀는 운명의 여신과 혼합되어 표상되기도 함.

자신이 궁핍하다고 생각하며

걱정하고 탄식하는 자는 결코

부자일 수가 없다.

산문 Ⅲ

"행운의 여신[59]이 그대에게 자신을 대변하며 이제 이런 식으로 말했다면, 그대는 어찌 대답해야 할지 모르겠지, 그렇지 않은 가? 그래도 그대가 정말로 말할 것, 불평들을 정당화할 그 무엇이 있다면, 입 밖으로 내야 하네, 자, 이제 그대가 말할 차례가 되었네."

　"그런 지론(持論)들은요," 내가 말했다. "수사(修辭)와 음악으로 꿀 발림이 되어 있어, 그럴 듯한 감미로움을 지니고 있어요. 사람이 그것들을 듣고 있을 때만, 그것들은 그의 마음에 들어요. 그러나 비참한 처지에 놓인 사람들은 그들이 당한 억울한 일들을 마음속 깊은 곳에서 지각(知覺)하는 고로, 감미로운 말들이 귓전을 울리기를 일단 멈추게 되면, 가슴속 깊이 놓여 있는 비통함에 의해 다시 짓눌리게 됩니다."

　"그렇구나," 그녀가 말했다. "그것들은, 아직은 그대가 앓고 있는 병에 대한 치료약이 아니라, 치유를 완강히 거부하는 상

<hr />

59　원문의 'fortuna'는 '운명의 여신' 또는 '운의 여신'으로도 번역 가능하지만, 여기서는 관례를 따라 '행운'의 뉘앙스를 부각함.

처를 그저 어루만져 주는 찜질 약이라고 생각했던 것이네. 나는, 그 적당한 시기가 되면, 좀 더 깊이 파고드는 치료약들을 적용할 것이네. 그렇지만 그대가 동정 받기를 원해야 할 이유는 없네. 그대는 그대가 받은 축복들의 수(數)와 정도(程度)를 잊었는가? 나는 다 아는 사실은 언급하지 않을 걸세. 그대가 부친을 잃었을 때, 고위직 인사들의 보살핌을 받았고, 아주 귀중한 친척 관계가 되는 국가 제일급 인사들과 친척이 되도록 선정이 됨으로써 그대는 그것이 실현되기도 전에, 결혼을 통해 그들에게 귀한 존재가 되었던 것이네. 그대가 더할 나위 없이 유명한 집안으로 장가를 들어 그렇게 정숙한 부인을 얻고 그대를 이어갈 아들들을 얻은 축복을 받은 점에서 그대가 가장 행복한 사람이라고 부르지 않은 사람이 있었던가? 또 나는 그대의 청년 시절에, 훨씬 나이든 사람들을 제치고, 그대에게 주어진 명예도, 그것도 잘 알려진 사실이니까, 뛰어 넘겠네. 나는 특히 그대에게 속했던 그대의 성공의 정상 그 자체를 언급하고자 하네. 만약 진정한 행복이 인간사(人間事)에서 오는 것이라면, 어느 밀어닥치는 병마들의 비중이 아무리 크다 한들, 그대가 그 당시 경험하였던 저 영광의 기억을 말살할 수 있겠는가? — 즉 그대는 두 아들이 다 같이 집정관이 되어 원로원 의원들과 그대의 집에서 출발하여 환호하는 민중 가운데 서있는 것을 보았던 때 말이네. 또 그들이 원로원에서 함께 고관 의자[60]에 앉아 있을

---

60 원문에서 'curulis'는 공식 석상용으로 상아로 안을 댄 고급 의자임.

때 왕의 치적을 칭송하는 훌륭한 찬사를 행한 것에 합당한 칭찬을 들었을 때, 또 경기장에서 그대가 두 집정관 사이에서, 개선(凱旋)의 경우에 합당한 과분한 희사(喜捨)를 함으로써, 그대를 에워싸며 밀치고 당기는 군중의 희망들과 기대들을 충족시켰을 때 말이네. 행운의 여신이 그대를 그녀의 총아로 부둥켜안고 애무해주었을 때, 그대는 그녀에게 달콤한 말을 건넸을 것이라 짐작하네. 그대는 그녀가 지금껏 그 어느 개인에게도 부여하지 않았던 그런 선물을 받았던 것이네. 그대는 그녀와 함께 그대의 대차대조표를 계산해 보기를 원하는가? 이번에 처음으로 그녀는 그대를 인색하게 내려다본 것이네. 만약 그대가 지금까지 일어난 기쁜 일들과 슬픈 일들의 수와 종류들을 가늠해 본다면, 그대가 행운아였다는 것을 부인하지 못할 걸세. 그리고 그때 즐겁게 보였던 것들이 이제 지나가버렸기 때문에, 이제 자신이 불행하다고 생각한다면, 그것은 정말 그대는 자신이 비참한 처지에 놓여 있다고 생각해야 할 이유가 되지 못하네. 왜 그런가 하면, 그대가 이제 그처럼 비참하다고 생각하고 있는 것들도 또한 다 지나가버리고 마니까 말이네. 그대는 이제 이 인생 무대에 처음으로 돌연히 또 낯설게 나타난 것은 아니겠지? 빠른 시간이 그처럼 자주 인간 자신을 현장에서 사라지게 하는 판에, 그대는 인간사(人間事)에 어떤 항구성이 있다고 생각하는가?[61] 아주 드문 일이지만 어느 사람이 아직도 그에게

---

61 원문의 'reris 생각하다'는 희귀어로 보에티우스의 색다른 언어 구사를 짐작케 함. 그 단어는 고전 라틴어에서는 보통 'cogito'인데, 여기서는 이태동사 'reri'

남아있는 행운의 선물들에 의존한다 해도, 그의 삶의 마지막 날은, 그것이 무엇이건 간에, 그에게 남아있는 행운의 죽음인 것이다. 그렇다면, 그대가 죽으면서 행운을 뒤에 남겨 두든가, 또는 행운이 달아나며 그대를 떠나든가, 그것이 문제가 된다고 생각하는가?"

시 Ⅲ

포이보스[62]가, 그의 장밋빛 수레로부터,

하늘을 가로지르며 그의 빛을 펼치는 때,

그의 압도적 불길은

희미해지는 별들의 흰 얼굴들을 흐리게 한다.

관목숲들이 서풍의 부드러운 입김으로 더워져

봄의 장미들로 수줍게 분홍빛을 띤다.

안개 낀 아우스테르[63]가 미친 듯 불어제치면,

가시덤불들은 그들의 미(美)를 빼앗기려니.

때때로 바다는 온화하고 청량하고

잔잔하다.

의 단수 2인칭으로 사용되고 있음.

62　태양신 아폴론의 별칭.

63　원문의 'auster'는 특히 아프리카에서 지중해로 불어오는 습기있는 남풍으로 폭풍을 예고함.

때때로 북풍[64]은 맹렬한 폭풍우를 몰고 와

바다를 뒤집어엎는다.

지상(地上)의 아름다움은 늘 같지 않고

끊임없이 변한다. 그러니

무상(無常)한 행운들을 믿고 살아라,

인간들의 일시적 쾌락들을 믿어라!

확고한 영원한 법칙이 천명하는 바,

생성되는 것은 변하게 마련이다.

산문 IV

"귀부인," 하고 내가 대답했다. "모든 덕들을 배양하는 당신, 당신 말이 옳아요. 나도, 잠시라 할지라도, 거대한 번영을 누렸다는 사실을 부인할 수 없군요. 그러나 바로 그것이 나를 가장 괴롭히는 것이에요. 왜 그런가 하면 운명의 모든 역경들 속에서도 가장 불행한 종류의 불행은 행복을 알았다는 것이에요."

   "그러나 바로 그대 자신의 그릇된 견해들 때문에 그대가 벌을 받게 된 것이 사실이기 때문에 다른 어떤 것을 비난할 수 없고 그렇게 하는 것은 옳지 않아요. 그도 그럴 것이, 만약 그대가 정말로 이 '우연히 굴러들어온 행복'이라는 공허한 개념을

---

64 원문의 'aquilo' 북풍은 의인화 되어 그의 목적어 'procella 폭풍우'와 구분되며 'Boreas 북풍의 신'으로 이해됨.

진지하게 받아들인다면, 그대가 아직 '대단히 많은 축복을 넘쳐흐르도록'[65] 지니고 있는지를 나와 함께 검토해 보았으면 하네. 그러니까 만약, 그대의 행운을 통 털어서 그대의 소유 목록들 중 가장 소중했던 것이, 신의 의지에 따라, 아직 해를 입지도 않고 또 손상되지도 않은 채 잘 보전되어 있다면, 그대는 가장 좋은 것을 지니고 있으면서 그대의 불행에 관해 얘기하는 것이 옳은 일인가? 첫째로 인류의 가장 소중한 장식, 그대의 장인어른 쉼마쿠스(Symmachus)는 안전하게 살아 있고, 혜지와 덕 속에서 전적으로 형성된 인간이기에 그대가 그대의 목숨과 맞바꾸기에도 주저하지 않을 그런 인품인데, 자신의 안위를 조금도 돌보지 않고 그대의 고난을 애도하고 있네. 그 다음으로, 그대의 아내가 살아있네. 그녀는 겸손과 예모(禮貌)가 뛰어난 착한 여자이네. 그녀의 재능들을 한 구절로 요약한다면, 그녀는 부친과 같은 여인이네. 그녀는 살아 있네. 내 말은, 그녀는 이 삶을 혐오하지만, 단지 그대를 위해 계속 살아가고 있네. ― 그녀가 그대를 그리워하는 비통한 심정에서 눈물들을 쏟으며 피폐해가고 있다는 점에서 만큼 그대의 행복이 감소된다는 것을 나는 인정해야 하네. 집정관인 그대의 두 아들에 관해 말할 필요가 있겠는가? ― 그들은 젊은 나이에 벌써 아버지와 또 할아버지의 성품을 벌써 쏙 빼닮고 있으니 말이네. 자, 사람들이 자기의 목숨을 보존하는 것이 그들의 각별한 관심사이지만, 그대가

---

65 원문에 'abundo 넘쳐흐르다'의 접속법 'abundes'도 매우 드문 표현임.

지니고 있는 축복들을 인지만 한다면, 그대는 얼마나 행복한가? 생명보다도 더 소중한 그런 것들을, 그걸 누구도 의심하지 않는 바, 그대는 아직도 지니고 있는 것이네. 자, 그러니 그대의 눈물들을 닦으시게. 운명의 여신이 아직은 그대 가족의 개별적 구성원들을 모두 미워하는 것은 아니고, 또 현재의 위안이나 미래의 희망이 결여되지 않도록 보장하고 있는 닻들이 아직은 굳건히 버티고 있으니까, 그대를 덮친 폭풍이 아주 광폭했다고도 할 수 없겠네."

"나는 그것들이 계속해서 굳건히 버티고 있기를 기원해요," 내가 말했다. "그러니까 그것들이 거기 있는 한, 무슨 일이 일어나도, 나는 물에 빠지지는 않을 것이니까요. 그러나 당신은 내가 전에 받은 수훈(殊勳)들 중 얼마나 많은 것이 사라졌는지를 알 수 있어요."

"자, 우리는 한 발 앞으로 내딛은 것이네." 그녀가 말했다. "그대가 지금 처해 있는 전체 상황에 대해 더 이상 비통해 하지 않는다면 말일세. 나는 그대가 그대의 행복에는 무엇인가가 결여되어 있다고 성마르게 투덜거리며 그렇게까지 자기의 슬픔을 탐닉하고 있는 것을 감내할 수가 없네. 그런데 말이네, 어느 누가 자기의 상황에 어떤 흠이 있을 수 있다는 것을 깨닫지 못하고 그렇게 완전히 행복할 수가 있겠는가? 왜 그런가 하면, 인간적 행운의 조건은 염려로부터 결코 자유로울 수 없네. 인간은 그것을 결코 완전히 소유하지도 못하고, 또 그것이 영구히 지속되지도 않는 법이네. 어떤 사람은 상당한 재산을 지니고 있으나, 그의 비천한 출생을 부끄러워한다네. 또 어떤 사람은 상류계급 출신으로 알려져 있지만, 그의 개인적 빈곤 속에 파묻혀 무시당하고 사는 것을 선호하네. 또 어떤 사람은 출생과 재산의 면에서 부유하지만, 그의 독신 신세를 개탄하고 있고, 또 어떤 다른 사람은 결혼해서 행복하나, 자식이 없는 관계로, 그의 부유한 재산을 잘 보전하고 증대시키지만, 그건 그걸 상속할 남의 자식들을 위한 것이라네. 그 반면 자식들이 있어 축복받은 어떤 사람은 아들이나 딸이 지니고 있는 단점들로 인해 슬피 운다네. 그러니까 사람이 그가 받은 행운들의 상황을 고려해 보면, 쉽게 행복해지기란 매우 드문 일이네. 어느 경우에나, 경험해보지 못한 사람들은 모르지만, 경험한 사람들은 잘 아는 끔찍한 측면들이 있는 것이네. 또한 고려해 볼 것은 가장 행복한 자는 가장 미묘하게 민감한 자라는 사실일세. 그리하여 모든 것이 그가 원하는 대로 정확히 되지 않으면, 어떤 역경에도 익숙하지 않은 까닭에 그는 아주 사소한 일에도 기분을 잡쳐 한다네. 아주, 아주 작은 일도 가장 행복한 사람들을 행복의 정상에서 떨어트릴 수가 있네. 만약 자네가 아직 지니고 있는 축복들 중에 가장 작은 것이라도 소유한다면 천국 가까이에 있다고 생각할 그런 사람들이 얼마나 많은지 한번 생각해 보게! 그대가 유배지라고 부르는 이 장소도 여기서 살고 있는 사람들에게는 고향이네. 그러니 그대가 비참하게 생각하지 않는 한 그 어느 것도 비참한 것이 아니네. 그 반면, 모든 것을 흡족하게 견디는 사람은 그가 처해 있는 상태가 어떻든지 다 좋게 생각하네. 한번 불만에 빠지게 되면 자기 처지를 바꾸어보려고 하지 않을 만치 행복한 사람이 어디에 있나? 얼마나 쓰디 쓴 고난들이 사람의 감미로운 행복에 재를 뿌리는 것인가! 사람이 행복을 즐길 때 그처럼 상쾌한 상태도 때에 따라서는 지나가버리고 마는 것을 막을 길은 없다. 그러니까 필멸의 인간들의 행복이 얼마나 비참한 것인지는 아주 분명해진다. 왜 그런가 하면, 그런 행복은 만족하고 있는 사람들에게는 지속되지도 않거니와, 불안정한 사람들을 완전히 만족시키지도 못하기 때문이다.

그렇다면 그대들 인간들은 왜, 행복이라는 것이 참으로 그대들 마음속에서 발견될 수 있는데도, 그것을 밖에서 찾으려고 하는가? 오류와 무식이 그대를 혼란스럽게 만들고 있네. 그대에게 가장 큰 행복이 무엇을 축으로 하여 돌고 있는지를 보여주도록 하겠네. 그대에게 그대 자신보다 더 귀중한 것이 있는가? 없다고 그대는 동의하겠지. 그러니까 그대가 그대 자신을 통제하게 된다면, 그대는 그대가 결코 잃기를 바라지 않는, 또 운수도 그대로부터 빼앗아갈 수 없는 것을 소유할 것이네. 이제 행복은 본질적으로 이 필멸의 삶의 우연한 것들 사이에서는 존재할 수 없다는 사실을 직시하기 위해서, 이런 식으로 간주해보자. 만약 행복(beatitudo)이 합리적 본성을 가진 사람의 최고선(最高善)이라면, 그리고 더 높은 것은 뺏겨질 수 없는 것이니, 어떤 식으로든지 빼앗길 수 있는 것은 최고선이 될 수 없는 것이라면, 그렇다면 행운의 불안정성은 행복의 달성을 갈망할 수 없는 것은 명백하네. 다시 말해, 속기 쉬운 복(福, felicitas)의 등에 실려 가는 사람은 복(福, felicitas)이 가변적이라는 사실을 알기도 모르기도 한다. 만약 그가 모르고 있다면, 그런 맹목적 무지 속에 빠져 있는 처지가 진정으로 행복한 처지가 될 수 있겠는가? 만약 그가 알고 있다면, 그가 잃을 수 있다고 믿고 있는 것을 잃을까봐 두려워해야 하고, 그의 지속적 두려움은 그가 행복하게 되는 것을 방해할 것이다. 혹은 그는, 그것을 잃어버릴 때, 그것이 상관없다고 생각할 것인가? 그렇다면 그것은 어느 하찮은 작은 축복임에 틀림없고, 그러니 그는 그것을 침착하게 견디어 낼 수 있는 것이다![66] 그런데 내가 아는 바, 그대는, 여러 논증들에 의해, 인간들의 심령[67]들은 어떤 방법으로도 죽지 않는다는 것을 깊이 확신한 사람과 같은 사람으로 아직 남아 있네. 또 더 나아가서, 우연히 얻게 된 육체의 행복은 죽음에 의해 끝장나는 것이 명백하기 때문에, 그런 육체적 쾌락이 행복을 가져올 수 있다 해도, 죽게 되어 있는 모든 종류의 것은 끝에 가서, 죽음에 이르러서는, 비참한 것으로 전락한다는 사실을 그대는 이제 의심할 수 없는 것이네. 그런데 많은 사람들이 단순히 죽

---

66 세네카 이후로 번성한 냉소주의 내지 금욕주의의 영향이라고 사료됨.

67 원문에 'mentes'로 나와 있기 때문에 '지성들'이라고 번역할 수 있겠지만, 고대 희랍 시대부터 로마 시대를 거치면서, 'mens 지성', 'spiritus 정신', 'anima 영혼'은 미묘한 개념들로 서로 조금씩 다르면서도 중첩되기도 하기 때문에 경우 경우에 따라 식별할 필요가 있다고 사료됨. 시력은 영혼의 중요한 기능인데, 죽음과 더불어 그 기능이 소멸되는 것은 부인될 수가 없었음. 그럼에도 아리스토텔레스도 플라톤 학파의 영혼 불멸설을 궁극적으로는 수용한 것으로 사료됨.

음을 통해서뿐만 아니라 고통과 고난을 통해서까지 행복의 향유를 추구하는 것을 알고있는데, 이 현세(現世)의 복의 결여가 그들을 비참하게 만들지 않는다면, 어떻게 현세의 복이 그들을 행복하게 만들 수 있단 말인가? ˮ

시 IV

오래 오래 갈,
소음을 내며 불어오는
남동풍에 의해서도 쓰러지지 않고
바다의 위협적 파도들에 의해서도
허물어지지 않을,
집을 짓고자 하는
신중한 사람은
산꼭대기와 목마른 사막의 모래를
피할지어다.
하나는 맹렬한 남풍의 힘에 의해
부대끼고,
다른 하나는 바닥이 밀리어 무겁게
내리누르는 무게를 감당치 못하리라.
위험할지도 모르는
아름다운 장소의 운명을 피해라.
견실히 낮은 암반 위에

집을 짓기를 명심하라.

아무리 바람이 천둥치며 불어오고

바닷물을 휘저어 거친 파도를 일으켜도,

조용한 생활에 느긋하고

튼튼한 벽에 둘러싸여 아늑하게

그대의 조용한 삶을 만끽하며

모든 하늘의 노여움에 미소 짓는다.

산문 V

"그러나 이제 그대가 내 논거의 찜질에 의해 상당히 기운을 차렸으니, 이제 좀 더 강한 치료제를 쓸 때가 되었다고 생각하네. 자, 그 행운의 선물들이 덧없는 것이 아니고 그저 일시적인 것이라고 가정해 보게. 그것들 중 진정으로 그대의 것이 될 만한, 또는 온당한 검사를 해보아서 무가치하다고는 간주되지 않을 그런 것이 하나라도 있는가? 부(富)라는 것이 그대의 것이기 때문에 또는 그 자체의 속성으로 귀한 것이 될 수 있는가? 만약 그렇다면, 그것의 어떤 부분이 특히 그러한가? 금인가? 또는 쌓인 돈의 힘인가? 그런데 재산은 획득할 때보다 사용할 때에 더 빛이 나는 법이네. 왜 그런가 하면, 탐욕을 부리는 사람들은 미움을 사지만, 너그럽게 돈을 푸는 사람들은 유명해지기 때문이네. 그러나 돈이 어느 한 사람에게만 머무를 수 없고 어느 다른 사람에게 넘어간다면, 돈은 다른 사람에게 넘어갈 때에만 소중한 것이네. 그리고 너그럽게 주어지는 때에, 돈은 소유되기를 중지하네. 만약 세상에 있는 모든 돈이 오직 한 사람의 소유가 되어 쌓인다면, 여타의 모든 사람들은 그것 없이 살게 할 것이네. 인간의 목소리는 삭감됨이 없이 한 번에 많은 사람들의 귀를 채울 수 있지만, 인간들의 부(富)는, 먼저 작은 부분들로 쪼개지지 않고는, 한 사람보다 많은 사람들에게 전달될 수 없네. 그것이 행해지는 때, 돈과 결별한 사람들은 필연적으로 더 가난해질 수밖에 없네. 자, 그렇다면, 오, 부(富)여, 그대는 얼마나 가난하고 비열한가! 그대는 많은 사람들에 의해 통째로 소유될 수 없을뿐더러 다른 사람들을 가난하게 함이 없이는 어느 한 사람에게 전달될 수 없어라![68]

그대의 눈들은 번쩍이는 보석들에 의해 이끌리고 있나? 그러나 그것들의 번쩍임이 어느 면에서 경이롭다고 하더라도, 광채는 보석들의 것이지, 인간들의 것은 아니네, 그리고 나는 사람들이 그것들을 보고 그렇게 경탄하는 것에 놀라움을 금치 못하네. 살아 있는 합리적 존재가 아름답다고 올바르게 생각하는 것, 즉 살아 있는 정신의 구조와 운동이 없는데, 거기 있는 것이 무엇인가? 창조주의 작업을 통해 또 보석들이 지닌 반짝이는 색채들 때문에 보석들이 어떤 저급미(低級美)라고 할 수 있는 그 무엇을 지니고 있다 하더라도, 보석들은 인간으로서 그대가 지니고 있는 우수성보다 한참 밑에 있는 고로, 그것들은 어떤 방

68 부(富)의 본질과 그 사회적 의의(意義)에 대한 놀라운 착상이라고 사료됨.

법으로도 그대들의 경탄을 받을 자격이 없네.

산천의 아름다움은 그대를 즐겁게 하는가? 그렇지 않을 수가 없겠지. 그것은 아름다운 창조계[69]의 아름다운 부분이다. 그래서 우리는 바다의 평온한 모습에서 즐거움을 느끼고, 또한 그래서 별들과 달과 해가 있는 하늘을 찬미한다. 이것들 중 어느 것이 그대에게 속하는가? 그것들 중 어느 것의 장관(壯觀)을 감히 [그대 것인 양] 뽐내겠는가? 그대는 봄철에 꽃으로 장식되어 있는가? 여름 과일들로 풍성하게 자라는 것이 그대의 풍요로움인가? 왜 그대는 공허한 쾌락들에 매료되고, 왜 외부의 물품들이 마치 그대 것인 양 끼고 있는가? 행운은 자연이 그 나름대로의 목적에 따라 만든 것을 결코 그대의 것으로 만들어 주지 않을 것이네. 만약 그대가 그대의 욕구들을 만족시키기 위해 그저 자연적 충족을 원한다면, 행운의 여신으로부터 풍요를 청할 필요가 없네. 왜 그런가 하면, 자연은 적은 또 작은 것들로 만족해 하니까. 만약 그대가 그 만족에 과잉을 덧칠하고자 한다면, 그대가 보태는 것은 불유쾌하게 또는 단연코 해롭게 될 것이네.

그대는 이제 아마도 여러 좋은 옷들을 입고 선망의 대상이 되는 것이 괜찮다고 생각하는가? 그들의 모양새가 보기에 좋다면, 나는 재료 그 자체를 또는 재단사의 솜씨에 감탄할 것이네. 혹은 고용인들의 긴 행렬이 그대를 행복하게 만들어 주는

---

69 원문에 'pulcherrimum opus 가장 아름다운 작품'으로 창조계를 표현하고 있듯이, 희랍어에서 이미 세계는 'kosmos 아름다운 장식품'으로 인식되었음.

가? 만약 그들이 그들 나름대로 간사하다면, 가정에 어떤 파괴적인 부담이 되고 주인 자신에게도 지극히 위험한 것이 되네. 그러나 그들이 만약 정직한 사람들이라면, 어떻게 다른 사람들의 정직을 그대 자신의 자산 목록에 끼워 넣을 수가 있겠는가? 그러니까 이 모든 것에 의해서 분명해지는 것은 그대가 그대의 자산들이라고 간주하는 것들 중에 어느 것도 그대 자신에 속하는 자산 즉 '좋은 것'이 될 수 없네. 그리고 그것들에게 그대가 추구하는 아름다움이 없다면, 왜 그것들이 분실될 때 비통해하고, 또는 그것들을 그냥 붙들고 있을 때는 즐거워해야 하는가? 만약 그것들이 그것들의 속성으로 인해 아름답다면, 그것들이 그대와 무슨 상관이 있는가? 왜 그런가 하면, 그것들은 그대의 소유물들로부터 아주 분리된 채로도 그것들 스스로 즐거움에 넘쳤을 것이니 말이네.[70] 그것들은 '그것들이 지닌 속성으로 인해 귀중한 것이지', 그것들이 그대의 부의 일부를 이루고 있기 때문에 귀중한 것이 아니네. 그러나 그대는 그대가 그것들을 귀중하다고 생각했기 때문에 그것들을 그대의 부의 목록 가운데 끼워놓기를 선호한 것이네.

그런데 그대는 행운으로부터 무엇을 그처럼 소란스럽게 요구하고 있는 건가? 내 생각에, 그대는 충만으로 필요를 추방하기를 원하고 있네. 그렇지만 그대는 아주 그 반대를 성취하고 있네. 그도 그럴 것이 그대는 아주 많은 도움들을 필요로 하는

---

70 고대 희랍·로마 철학에서 자기 충족 또는 자족(selfsufficiency)은 최대의 덕목으로 간주됨.

데, 그것은 수많은 종류의 값진 가구들을 지키기 위함이지! 그러니까 아주 많은 소유물들을 지니고 있는 사람들이 아주 많은 것들을 필요로 하고, 반면 야심적 허영의 과도(過度)들을 따르지 않고 자연의 요구들을 잣대로 삼아 그들의 충족함을 재는 사람들은 가장 적게 필요를 느끼는 것이네. 그대들은 그대들 자신 속에 아무런 개인적 좋음(善)을 갖고 있지 않고, 그러하기 때문에 외부의 다른 것들에서 그대들의 재물(좋은 것)들을 구하는 것인가? 이성을 지니고 있어 신(神) 같은, 살아있는 동물인 인간이, 단지 생명이 없는 가정용품들을 소유함으로 해서 자신이 근사하게 보일 수 있다고 여기고 있으니, 그 정도로 자연의 상태가 뒤집혀진 것인가? 다른 동물들은 그들이 지니고 있는 것에 만족한다. 유독 그대들 인간들만은, 그대들의 심령에 있어서는 신과 같으면서도, 우수한 체질의 그대들의 신체들을 저급한 것들로 감싸려고 하며 그렇게 하는 것이 그대들의 창조주에게 얼마나 많은 해를 입히는지 깨닫지 못한다. 그는 인간 족속을 모든 지상적인 것들보다 우수하게 만들고자 했지만, 그대들은 그대들의 위엄을 가장 저급한 물체들에 종속시켜 버렸다. 그도 그럴 것이 어느 개인에 속하는 어떤 좋은 것이 그것을 소유하고 있는 사람보다 진정 더 가치가 있다면, 그런 자신의 계산법으로 그대들 인간들은 아주 번들번들한 물건들을 그들의 소유물들이라고 천명할 때, 바로 그때 그대들은 자신들을 그 물건들 밑으로 떨어트려 놓는 것이고, 그리 되는 것이 당연하다! 그도 그럴 것이 인간은, 자기 자신을 알 때만 다른 것들보다 더 낮게 되도록, 그의 천성이 만들어져 있네. 그러나 그가 자기 자신을 알기를 포기하면, 짐승들보다도 더 못하게 전락하네. 왜 그런가 하면, 다른 동물들은 자기 인지(認知)를 지니고 있지 않는 것이 자연스러운 일이지만, 인간에 있어서는 결함이 되네. 그대들이 다른 것들의 아름다움으로 더 멋지게 장식된다는 그런 잘못된, 그대들의 생각은 얼마나 만연(蔓延)되어 있는가! 그렇게 될 수는 없네. 만약 어떤 것이 그것을 감싸고 있는 부가물들로부터 광채를 발하고 있다면, 칭찬을 듣는 것은 그 부가물들이고, 그것들에 의해 가려진 것은 여전히 비열하고 추한 그대로 그 밑에 감추어져 있는 것이네. 이제 나는 그 어떤 것도, 소유주에게 해를 끼칠 수 있는 한, 좋은 것이 아니라고 주장하네. 내가 거짓을 말하고 있는가? 물론 그렇지 않아요, 라고 그대는 대답하겠지. 그러나 부(富)는 종종 소유자에게 해를 입혔네. 왜 그런가 하면, 비열한 성격을 지닌 모든 사람은, 그러니까 특히 다른 사람의 재물을 더 탐내는 사람은, 자신이 세상에 있는 모든 금붙이와 보석들을 진정으로 소유할 자격이 있는 유일한 사람이라고 생각하고 있는 거네. 공격받고 살해될까봐 조마조마하여 겁을 낸다고 치세, 만약 그대가 인생의 장도(壯途)에 빈손으로 여행길에 올랐다면, 도둑들을 보고 코웃음을 칠걸세. 오, 죽게 되어 있는 부(富)의 경이로운 축복이여![71] 그대가 그것을 잃었을 때, 그대는 그대의 안전을 잃었어라."

---

71 냉소주의(cynicism)의 영향이라고 사료됨.

시 V

흡족한 사람들이 듬직한 땅에 의존하며,

아직은 한가한 사치에 젖지 않고,

오직 그들의 필요에 따라 그들의 허기를

손쉽게 주워 모은 도토리들로 채웠을 때,

저 이전의 시대는 얼마나 행복했었던가![72]

그들은 아직 포도주를 맑은 꿀과

섞는 것을 배우지 않았고,

중국의 부드럽고 윤나는 비단을

자줏빛이 나는 물감[73]으로 물들이지도 않았다.

풀밭은 건강한 휴식을 또

매끈한 개울은 마실 물을 또

높은 소나무는 지붕같이 그늘을 제공한다.

방문객은 아직, 깊은 바닷물을 가르며 앞으로

나가지도, 도처에서 선별된 물품들을 기대하며

새로운 해안들을 예견하지도 않았다.

이국(異國) 해변에 이방인으로 서있지도 않았다.

거기엔 야만적 나팔 소리도 없었고,

또한 인간들의 피가 신랄한 증오 속에서

피로 밀밭들을 물들이지도 않았다.

---

72 고대 희랍 · 로마 시대에 흔히 운위되었던 '황금시대'를 떠올림.

73 옛 페니키아의 항구 도시 튀루스에서 나는 물감.

그런데 왜 어느 사람이 맹렬한 적개심을 가지고

먼저 내리치기를 해야 한단 말인가?

그가 보게 될 것은, 피에 대한 보상은 없이,

다만 잔인한 상처들만 드러나게 될 텐데!

제발 지금의 우리 시대가

옛날의 좋은 방식들로 되돌아갔으면!

그러나 에트나 화산의 불길보다도 더 맹렬하게

이제 이득을 취하려는 욕망이 불타고 있도다.

누가 먼저 저 위험스런 귀중품들을 파내었는가?

감추어져 있었던 저 금괴들을, 또

훨씬 더 잘 숨겨져 있었던 보석들을 말이다.

산문 VI

"그런데 그대가 참된 값어치와 진정한 권력에 대해선 무식한 채, 그대의 값진 관직들과 권력을 하늘 높이 치켜세우는데, 내가 그것들에 관해 무슨 말을 하겠는가? 그러한 것들이 극악한 자들의 수중에 들어갔을 때, 화염들을 뿜어내는 에트나 화산 같은 것들이나 또는 무슨 홍수들이 더 큰 파괴를 야기했겠는가? 확실히 자네가 기억하기를 기대하네, 로마인들의 선조는, 집정관들이 오만하다 하여, 자유의 시작이었던 집정관들의 권력을 한때 폐지하기를 원했네. — 바로 같은 로마인들이 그보다 이전 시대에 같은 오만을 이유로 삼아 왕들의 권력과 이름을 국가로부터 제거했었던 거네.[74] 그러나 그런 관직들과 권한이 정의로운 사람들에게 부여된다면 — 매우 드문 일이지만! — 그것들을 실행하는 사람들의 훌륭함보다 더 좋은 게 뭐가 있겠나? 그러니까 거기서 얻어지는 결론은 덕들이 관직에 의해 명예롭게 되는 것이 아니고, 직분을 갖고 있는 사람들의 덕에 의해 관직이 명예롭게 된다는 것이네.

이제 그대들이 그처럼 추구하는 영광스러운 권력이 무엇이란 말인가? 그대들은 이 지상의 살아 있는 동물로서 누구에게 무슨 식으로 명령을 내리는지에 대해 생각해 보겠는가? 만약 그대가 여러 쥐들 중에서 어느 한 마리가 나머지 쥐들 위에 당연한 권리로 군림하려고 하는 것을 본다면, 그대는 얼마나 웃을 텐가! 이제 만약 그대가 몸만 바라본다면, 어느 작은 날벌레가 사람을 조금 물거나, 어떤 은밀한 부위로 기어들어감으로써 종종 그를 죽음에까지 이르게 할 수도 있는바, (따지고 보면) 인간보다 더 나약한 동물이 어디에 있겠는가? 어느 누가, 자신의 신체나 그보다 못한 재산을 빼놓고, 다른 누구에게 어떤 권력을 휘두를 수 있단 말인가? 그대는 자유로운 정신에게 명령할 수 있을 것인가? 그대는 확고한 이성에 의해 촘촘하게 채워진

74　이인(二人) 집정관 제도는 왕들의 추방과 더불어 전통적으로 기원전 509년경에 시작된 것으로 간주됨. 귀족 출신 집정관들의 권한은 거의 150년간 지속된 '계층들의 투쟁' 기간 동안 점차적으로 제한되었고, 그 대신 서기전 495년에 이미 설립된 이인(二人) 호민관 제도(tribunatus)는 서민들의 권리를 대변하는 제도로 호민관들은 그 '투쟁'이 끝나는 서기전 287년에는 거의 집정관들과 맞먹는 지위를 누렸음.

한마음과 그것의 고유한 평온을 흩어 놓을 수가 있겠는가? 어느 폭군이 어느 자유인에게 고문을 가해 자신에 반대하여 역모를 꾸미는 자들을 배반하도록 강요해야겠다고 생각하고 있을 때, 그 남자는 자신의 혀를 물어뜯어 내어서 그것을 호통치고 있는 폭군의 면전에 내뱉었다고 하네.[75] 그러니까 폭군이 자신의 잔인함의 도구로 생각했던 바로 고문(拷問)을 철학자는 자신의 덕의 도구로 만들었던 것이네. 자기는 남에게 해를 입혀도 되고 남은 자기에게 해서는 안 되는 그런 것이 있는가? 우리는 부시리스(Busiris)가 손님들을 살해하곤 했는데, 자신이 손님 헤라클레스(Herakles)에 의해 죽임을 당했다는 얘기가 있네.[76] 레굴루스(Regulus)는 전쟁에서 포로로 잡힌 많은 카르타고 병사들을 감옥에 처넣고 쇠사슬로 묶었었는데, 그 다음은 그를 포로로 잡은 자들에 의해 그의 손들이 묶였던 것이다.[77] 그대는, 어느 사람이 남들에게 할 수 있는 것을 남이 자신에게 하는 것을 막을 수 없다고 한다면, 그 사람이 권력을 쥐고 있다고 생각하는가?

또한 고려해 볼 것은, 만약 관직들과 권력들이 그 자체로 어떤 자연스러운 본연의 덕을 지니고 있다면, 그것들은 결코 악인들에 의해 점유되지 못할 걸세. 왜냐하면 상반되는 것들은

---

75 이 일화는 알렉산드로스 대왕의 동방 원정에 종군했던 아나크사르쿠스 (Anaxarchus)의 것으로 알려져 있음.

76 휘기누스(Hyginus),《우화집 Fabulae》, 31, 2.

77 키케로(Cicero),《의무들에 관해 De officiis》, iii 99 참조.

서로 연관되지 않기 때문이네, 자연은 상반되는 것들의 결부를 배척하네. 그러니까 의심할 바 없이 관직들은 가끔 악인들에 의하여 채워지고, 또 그것들은 그런 식으로 악과 결부되도록 그 자신들을 허용하니까 말이네, 그러니까 그런 것들이 본질적으로는 좋을 수가 없다는 것이 또한 분명해지네. 악인들이 모두 그처럼 풍요롭게 즐기는 모든 행운의 선물들에 대해서도 같은 논리가 아주 올바로 적용될 수 있을 것이네. 이제 우리는 그 문제를 이런 식으로도 관찰할 수 있네. 어느 사람이 용기가 깃들어 있는 남자를 보면, 후자를 주저함이 없이 용감한 남자라고 일컬을 것이네. 그리고 민첩함을 [천성으로] 소유하고 있는 사람은 명백히 민첩하네. 또한 그렇게 예술은 한 사람을 예술가로 만들고, 의술은 그를 의료인으로 만들고, 수사학은 그를 웅변가로 만드네. 각 재능의 본성은 그것에 고유한 것을 생산해내고, 반대되는 결과들과는 혼합되지 않고, 자연적으로 그것에 반대되는 것을 배척하네. 그러나 부(富)는 탐욕을 제거할 수 없네, 왜 그런가 하면 그것은 물릴 줄 모르기 때문이지. 혹은 권력은 한 사람에게, 만약 그가 죄짓는 욕망들에 너무 단단히 잡혀 있으면, 자제력(自制力)을 부여할 수 없다네. 그리고 정직하지 못한 사람들에게 주어진 관직은 이들에게 그만한 자격을 만들어 주지 못할뿐더러, 오히려 그들의 무자격성을 족히 드러내고 폭로하네. 진실은 왜 이러한가? 그 이유즉슨, 그대들은 정말 그렇지 않은 것들에 그것들이 지녀서는 안 될 명칭들을 부여하기를 즐기기 때문이네. 그런 것들은 그것들이 만들어 내는 결과들에

의해 거짓임이 손쉽게 드러나네. 그런 고로 이것은 참말로 부
(富)라고, 또 저것은 참말로 권력이라고 올바로 불리어질 수 없
는 것이지. 끝으로, 우리는 인간의 행운 자체를 문제 삼아 같
은 결론을 도출해도 되겠네. 행운에는 정말 추구할 만한 가치
가 분명히 없네. 어떤 자연스러운 선함도 없거든. 그것이 선한
사람들과 언제나 합치되어 있지 않은 관계로, 그것이 합치되어
있는 사람들을 선하게도 만들지 못한다네."

시 VI

우리는 인간이 얼마나 많은 파괴를 자행했는지를,

도시가 불타고 원로원 의원들이 살해되었음을 알고 있네.

그 폭군[78]은 그의 형을 살해했고, 그의 야만적 손은

그가 죽인 어머니의 피로 푹 젖은 채

그녀의 싸늘한 시체를 바라보면서도

눈물 한 방울 안 흘리고 그녀 시신의

아름다움을 냉정히 평가할 수 있었다.

그럼에도 그의 통치하에서 그는 포이보스가 먼 동쪽에서 떠올라

서쪽 파도 속으로 저물며 보는 민족을,

---

78 네로 황제(Nero 기원 54-68)를 일컬음. 아버지가 다른 형제 브리타니쿠스
(Britannicus)와 후자를 선호한 어머니 아그리피나(Agrippina), 또 아그리피나
가 감싸고 돈 자신의 아내 옥타비아(Octavia)를 살해했고, 그의 애첩 포파이아
(Poppaea)가 황후가 되었다고 전해짐.

곰 자리 별들의 시선 밑에서 사는 민족을,

또 뜨겁고 마른 모래들을 볶아대는

그 모진 남풍에 시달리는 민족을

여봐란듯이 지배하였도다.

그 드높은 [정치] 권력도 결국은

도착(倒錯)된 네로의 광증을 돌릴 수 없었지 않았나?

아아, 혹독한 운명이여,

얼마나 자주 고약한 칼은 야만적 독약에 가세하여

그 혹독한 통치의 종이 되었던가!

산문 VII

그녀는 말을 마쳤고, 내가 대답했다. "당신 자신은, 죽어서 없어질 사물들에 대한 야망이 나를 거의 지배하지를 않았다는 사실을 알고 계세요. 그런데 나는 국사(國事)에 있어 능동적인 역할을 하기를 원했는데, 그것은 선한 것을 위한 권력들을 내가 소유하게 되면, 내가 늙어서도 그것들이 시들지 않고 요긴히 쓰일 수 있다고 믿었기 때문이에요."

"그러나 바로 이 점이 아직은 덕들을 완성 단계로까지 끌어올리지 못한 심령들—두말할 바 없이 본성적으로 우수하지만—을 끌어들일 수 있는 유일한 것이겠지. 즉 영예와 더불어 국가에 큰 공적을 세웠다는 명성에 대한 갈망이겠지. 그런 영예가 얼마나 하찮은 것이고 알맹이가 빠져 있다는 것을 이런 대화를 통해 배우게. 그대는 천문학적 증명들로부터 지구의 전체 둘레는 전체 하늘의 범위와 비교하면 하나의 점에 불과하다는 것을 배웠지. 즉, 만약 그것을 크기에 있어 천체와 비교해 본다면, 그것은 크기가 전혀 없다고 판단되네. 우주의 아주 작은 부분 중에서 단지 사분의 일만이, 그대가 프톨레마이오스 (Ptolemaeus)의 증명들로부터 알고 있듯이, 우리에게 알려져 있는 생물들이 거주하고 있는 곳이네. 만약 그대가 상상력 속에서 그 사분지 일로부터 바다들, 늪지들, 또 말라붙은 사막들로 뻗어 있는 모든 지역들을 빼낸다면, 단지 아주 협소한 부분만이 참말로 인간의 거주를 위해 남겨져 있네. 이제 그대는 한 점의 부분밖에 안 되는 이 비좁은 아주 작은 지점(地點)에서 그대의 명성을 펼치고 그대의 이름을 빛낼 생각을 하고 있는 것인가? 그렇게 작고 좁은 한계 내에서 얻어 낸 영광이[79] 무슨 장대함이나 장려함을 지닌단 말인가? 또한 이 작은, 거주 가능한 테두리 내에 언어와 풍습과 전체적 생활 방식에서 서로 다른 민족들이 살고 있다는 사실을 또한 생각해 보게. 여행의 어려움과 언어들의 상이함 때문에, 또 교역을 통한 접촉들이 아주 드물기 때문에, 단지 개인들만이 아니라 도시들의 명성마저도 다른 민족들 모두에게 도달할 수 없는 것이네. 끝으로, 키케로가 살던 시대에는, 어디에선가 그 자신이 말하고 있듯이,[80] 로마

---

79 고대 희랍에서는 개인의 탁월한 용맹과 업적에서 '영광'을 찾았다면, 고대 로마에서는 공익을 위한 헌신에서 '영광'을 찾고 있음.

80 키케로(Cicero), 《국가론 De re publica》, vi 22를 볼 것.

국가의 명성은, 그 당시에는 전성기였고 파르티아인들[81]과 그 지역의 다른 족속들에게는 두려움의 대상이었지만, 카우카수스(Caucasus) 너머로까지는 미치지 못했었다. 그대는 이제 그대가 증대하고 외국에까지 전파하려고 애쓰는 그 영광이 얼마나 협소하고 한정되어 있는 것인지를 알 수 있겠는가? 혹은 한 로마인의 영광이 로마의 명성 자체가 미치지 못하는 곳에 도달하겠나? 그 밖에도, 다른 민족들의 풍습과 관례들은 서로 너무나 달라서 한 나라에서 칭찬 받는 것이 다른 나라에서는 벌 받을 대상이라고 판단될 수도 있네. 그러하기 때문에, 어느 사람이 그의 명성이 공공연하게 천명되는 것에 기뻐한다고 해도, 그의 이름이 많은 외국 민족들 사이로 퍼지는 것은 결코 그의 이익이 될 수 없는 이유이네. 각 사람은 그러니까 그의 영예가 국민들 사이에서 잘 알려지는 것에 만족해야 하네. 그리고 그의 명성의 영광스러운 불멸성은 한 나라의 경계 내에 국한되어야 하네.

그러나 얼마나 많은 사람들이, 그들이 살던 시대에서 유명했으나, 기록할 역사가가 없어서, 이제는 완전히 잊혔나? 기록되었다 쳐도, 그런 기록들 자체의 가치는 무엇이란 말인가? 기록들과 그것들의 저자들 모두가 [결국은] 장구한 시대들의 어두움 속에 매몰되기 마련이니 말이네. 그러나 그대는, 그대의 미래 명성에 관심을 기울일 때, 그대의 불멸성을 보장한다고 상

---

81 카스피 해 남동쪽에 있던 옛 왕국 파르티아(Parthia)에 속했던 주민들.

상하네. 그러나 만약 그대가 참으로 영원의 무한한 공간을 고려한다면, 그대 자신의 이름의 장수(長壽)를 기뻐할 어떤 이유가 있는가? 왜 그런가 하면, 1만년과 비교되는 한순간 — 각 순간은 시간의 어떤 정해진 길이이니까 — 은, 아주 작은 분수(分數)라 하더라도, 어떤 비율이 되고 만다. 그런데 여러 해의 길이 또는 그것의 어떤 배수(倍數)도 시간의 무한한 길이와는 전혀 비교가 될 수 없네. 그도 그럴 것이, 유한한 것들 사이에서는 비교가 있을 수 있네, 그러나 유한한 것과 무한한 것 사이에서는 결코 비교가 있을 수 없네. 이 점이 왜, 명성이 오랜 시간에 걸쳐 지속된다 해도, 경계가 없는 영원의 맥락에서 숙고된다면, 명성은 작기보다는 전혀 아무것도 아닌 것으로 확연히 드러나게 된다네. 그러나 그대들은, 인기와 공허한 풍문의 변하는 바람들에 의해 선호되지 않는 한, 어떻게 해야 올바로 행동하는지를 모른다. 그리고 그대들 자신의 덕을 인지하는 것의 우수성을 무시하고, 다른 사람들의 일상적 대화에서 보상받기를 요청한다. 자, 어느 사람이 이런 종류의 하찮은 도도함에 대해 어떻게 농담했는지를 이제 한 번 들어보게.[82] 어떤 사람이 어느 남자가 철학가의 칭호를 그릇되게 참칭한 것을 보고 모욕적으로 질책했는데, 후자가 참된 덕을 실천하고자 한 것이 아니라, 그

---

82 그 당시 공적을 쌓은 인사들이 대중으로부터 칭찬 듣기를 원하는 것을 꼬집으며, 그 대신 철학가들의 징표로 유효했던 상투어 '침묵 지키기'를 철학의 여인은 넌지시 제시하고 있음. 솔로몬의 잠언 11장 12절 참조: "지혜 없는 자는 그 이웃을 무시하나 명철한 자는 잠잠하느니라."

저 허영에 들떠서 자신의 영예를 증대하기 위함이었었다. 전자가 보태 말하기를, 후자가 그에게 쏟아진 모든 욕설들을 침착하고 끈기 있게 잘 견디어 낸다면, 후자가 진정으로 철학자임을 알게 될 것이라고 말했다. 후자는 한동안 참을성 있는 태도를 취하며 모욕들을 견디어 내는가 싶더니 야유적으로 말했다. '이제 자네는 내가 철학자임을 인정하는가?' 거기에 대해 전자는 아주 예리하게 비꼬아 대답했다네. '그대가 침묵을 지켰었다면, 나는 그리 했을 텐데.' 그런데 가장 좋은 종류의 사람들에게 명성이 제공하는 것이란 무엇인가? — 왜 그런가 하면, 이들이 우리가 얘기하고 있는 사람들이고, 그것이 우리의 관심사이니 말이네. 영예에 이르는 그들의 수단은 그들의 덕이었지, — 내가 묻건대, 죽음이 궁극적으로 몸을 파멸시키고 난 다음에, 정말 무엇이 남는가? 만약 사람들이 전적으로 파멸하는 것이라면 (우리의 논거들은 그런 것을 믿지 못하게 금하고 있는데), [영예나] 영광은 정말 아무것도 아니네, 그것이 속해 있다고 말해지는 사람은 더 이상 존재하지 않을 것이니 말이네. 만약 그럼에도 불구하고 어느 자기 자신의 천성을 충분이 의식하고 있는, 지상의 감옥으로부터 풀려난 한 심령이 그것의 천상의 집을 찾는 데에 있어 자유롭다면, 지상적 사물들로부터 해방된 이제 모든 지상적 일들을 경멸하며 대신 하늘의 기쁨을 만끽하려고 하지 않겠는가?[83]"

---

83 신플라톤주의적 세계관.

시 VII

지고한 것으로 생각하는 영광만을 급히 좇으며

다른 것은 안중에도 없는 그 사람으로 하여금

저 하늘의 광활함과 지상의 협소함을 비교하게 하라.

그는 그의 좁은 공간도 채울 수 없는

그의 자랑스러운 가명(家名)에 대해 얼굴을 붉힐 것이다.

왜 긍지를 품고 있는 사람들은, 헛된 일인데도!

그들의 목에서 그들의 죽어야 할 운명의

고삐를 떨치어 버리기를 갈망하는가?

명성이 여러 다른 민족들의 혀에 오르내리며

외국으로 퍼져 나간다 해도,

또 한 위대한 가문이 여러 유명한 칭호들로

번쩍인다 해도, 죽음은 영광의 극치를 경멸하고,

하층 계급과 상층 계급을 하나로 묶고,

가장 낮은 자들과 가장 높은 자들을 같게 만든다.

충실한 파브리키우스[84]의 유골은 이제 어디에 있는가?

이제 브루투스 혹은 엄한 노인 카토는 무엇이란 말인가?

얼마나 적은 명성만이 그들에게 남겨져 있는가! ― 그저 몇

---

84 파브리키우스(Fabricius)는 군사적 공적과 더불어 집정관 또는 감찰관 시기 (서기전 275년)에 그의 청렴으로 인하여 추앙받는 역사적 인물. 카토(Cato) 또한 감찰관으로서(서기전 234~149) 청렴하였고 군사적 민사적 업적을 쌓았음. 브루투스(Brutus)는 카이사르(Caesar) 암살에 가담하였던, 순수한 동기를 가졌었다고 사료되는 인물.

옛날 얘기책들 속에 나오는 이름들뿐이어라.

그리고 만약 우리가 그들의 영광스러운 이름들을

읽고 배운다 하면, 우리가 죽은 이들을 아는 것일까?

그러니까 그대들은 전적으로 잊히는 것이네.

명성으로도 그대들은 알려지지 않는 것이네.

그대들이 슬어질 인기 있는 이름에 힘입어[85]

좀 더 긴 삶을 영위한다 해도,

생의 마지막 날이 이것[86]마저도 그대들에게서 빼앗아간다면,

벌써 제이(二)의 죽음이 그대들에게 닥치는 것이네.

산문 VIII

"그런데 내가 운의 여신[87]에 대해 사정없이 적의를 품고 있다
고 생각해서는 안 되니라, 그녀가, 속임수를 전혀 쓰지 않을 때
는, 사람들로부터 칭찬을 들어야 할 때도 있다는 것을 알아 두

---

85 원문 'mortalis aura nominis 죽어 없어질 이름의 영기(靈氣)에 힘입어': 이
구절에서 'aura'는 일차적으로 어떤 분위기를 나타내는데, 전의(轉義)적으로 사람
들의 입에 오르내리는 인기도를 함축함. 그런 '아우라'에 의해 — 문법적으로 탈
격 — '더 긴 삶'이 유도될 수 있다는 뜻을 그 위의 행에서 'trahi 이끌려지다', 즉
'trahere 이끌다' 동사의 수동태 부정사를 통해 그 의미의 맥락을 간결하게 표현한
것은 보에티우스의 탁월한 문체라고 사료됨.

86 원문의 'hoc 이것'은 '불후의 명성'을 뜻함.

87 원문에 'fortuna'는 의미가 함축적이어서 '행운, 운, 운수' 등으로, 또 의인화
할 때는 '행운의 여신, 운명의 여신'으로 그 맥락에 따라 해석할 수밖에 없음.

게. 그녀의 진면목을 보여주고 그녀의 방식들을 천명하며 그녀 자신을 분명히 드러낼 때 말이네. 아마도 그대는 내가 지금 말하고 있는 것을 아직은 이해하지 못하겠지. 내가 말하고자 하는 것은 놀라운 일이기 때문에, 말로 하기에 애로를 느끼네. 그도 그럴 것이 내가 생각하기에는 사람들에게 행운보다 불운이 더 낫기 때문이네. 행운의 여신이 행복의 모습을 하고 미소 짓는 것처럼 보일 때, 그녀는 언제나 속이는 것이지만, 그런 반면 그녀가 변화함으로써 그녀 자신이 변하기 쉽다는 것을 보여 줄 때, 그녀는 언제나 진실한 것이네. 첫 번째 종류의 운수는 속이지만, 두 번째 종류는 교훈을 준다네. 하나는 오직 속임수를 통해서만 좋게 보이는 사항들을 향유하는 사람들의 마음들을 묶어 놓지만, 다른 하나는 없어질 수밖에 없는 행복의 허약성에 대한 지식으로 그들을 해방시키네. 그러니 그대가 볼 수 있는 것은 하나는 자신에 대한 확신이 없이 언제나 이리저리 뛰어다니며 불안정한 것이고, 다른 하나는 한결같고, 잘 준비되어 있고, 역경 자체를 체험함으로써 현명한 것이네.

끝으로, 운(運)의 여신은, 명백히 행복할 때는, 그녀의 유혹들로 사람들이 참된 좋음(善)으로부터 이탈하여 길을 잃게 만들고, 그녀가 불운(不運)할 때는, 마치 갈고리를 쓰듯, 그들을 흔히 좋음(善) 쪽으로 다시 잡아당긴다네. 확실히 그대는 이 거칠고 불유쾌한 운(運)의 여신이 저들, 즉 그대에게 진실로 충성스러운 친구들을 발견케 해주었고 또 그대의 동료들 중에서 정직한 이들과 부정직한 이들을 구분할 수 있게 해주었다는 사실을 전혀 대수롭지 않다고 생각하지는 않겠지. (그녀가 그렇게 할 수 있었던 것은) 그녀가 그대를 떠났을 때, (그대의 운명에서 손을 떼고) 그녀의 종자(從者)들을 다 데려갔고, 그대는 그대의 종자들과 더불어 남겨졌기 때문이네. 그대가 다치지 않고 행복하였다면, 그러한 깨달음에 얼마나 많은 돈을 지불하였겠나! 그대는 아직도 잃어버린 재물에 대해 불평하고 있으니 말이네. 하지만 그대는 모든 종류의 재산 중 가장 귀중한 것인 참된 친구들을 발견하였네."

시 VIII

규칙적인 조화 속에서
세계는 그것의 변화를 통해 움직이네.
서로 경쟁하는 씨앗들은
영원한 법으로 평형이 유지된다.
포이보스는 그의 황금 마차를 타고
장밋빛 새벽 아침을 가져온다.
석양이 가져다 준 밤들을
그의 누이 포이베[88]가 다스린다네.
탐욕스러운 바다도 파도들을
정해진 경계 내에서 억제해야 한다네.

---

88 원문에서 'Phoebe'는 달의 여신으로 Artemis 또는 Diana와 같은 호칭.

땅들도 자리를 떠나 영역을
넓히도록 허락되지 않는다네.
사랑은 하늘에 명하고
대륙과 대양을 지배하며
만물의 연쇄를 다진다네.
사랑이 제동을 느슨히 하는 날엔,
오늘 날 서로서로 사랑하고 있는 모든 것들은
당장 전쟁을 일으킬 것이고,
그들이 상호 신뢰 속에서
아름다운 동작들을 통해 앞으로 움직여 가는
세계의 엔진을 와해하려고 힘쓸 것이라네.
이 사랑은 성스러운 유대로
연결된 대중들을 또한 포용할 것이네.
이 사랑은 또한 정숙한 애인들을
결혼의 성스러운 징표로 묶어 주고,
이 사랑은 또한 모든 충실한 동지들을
그의 법으로 뭉치게 한다네.
오, 행복한 인류여,
별들을 다스리는 그 사랑이
그대들의 마음들을 다스리게 되기를!

철학의 위안

제2권이 끝나고
제3권이 시작된다

산문 I

철학의 여신은 벌써 그녀의 노래를 끝마쳤었다. 내가 열심히
듣고 있으니, 낭송의 감미로움은 나를 사로잡았고, 나는 여전
히 귀를 쫑긋 세우고 할 말을 잃은 채 앉아 있었다. 그래서 조금
지나서야 나는 말을 했다. "오, 지친 심령들의 위안자들 중 가
장 훌륭하신 분이여, 얼마나 멋지게 그대는[89] 나를 그대의 비중
있는 논거들과 또한 즐거운 낭송들로 소생시켰나요! 그래서 나
는 이제 운명의 타격들을 감당하지 못한다고 더 이상 생각하지
않아요. 따라서 그대가 나에게 좀 더 씁쓸할 것이라고 서술한
그 치료제들에 겁먹지 않을뿐더러, 더 듣기를 갈망하는 고로,

---

89 원문에 '철학의 여인'을 2인칭 단수로 지칭하고 있지만, 그녀와 주인공 사이
는 사제지간이기 때문에 본 번역에서 지금까지 'tu 너'를 '당신'으로 옮겼으나, 이
제 서로 가까워 진 상황에서는 '그대'라는 호칭이 더 적절하다고 사료됨.

그것들을 투약하라고 아주 간절히 그대에게 촉구해요."

"나는 그것을 감지했네," 그녀가 말했다. "내가 하던 말에 그대가 그처럼 말없이 열심히 경청하고 있었으니 말이네. 그래서 나는 기대했는데, 아니, 보다 진솔하게 말하자면, 내가 그대의 현재 심리상태를 초래한 것이네. 이제 남아 있는 처방약들은 혀에 닿을 때는 톡 쏘나, 안으로 삼키면, 달콤해지는 것들이네. 그런데 그대 말이, 더 듣기를 갈망한다는 거지. 내가 그대를 인도하려는 곳을 그대가 안다면, 그대는 얼마나 욕망으로 불타오르겠는가!"

"어디로요?" 나는 물었다.

"진정한 행복이 있는 곳이지," 그녀가 말했다. "그곳에 관해 그대의 정신도 꿈꾸고 있지만, 그대의 시계(視界)가 환상들로 너무 그득 차 있기 때문에, 그것의 진면목을 볼 수 없는 거지.[90]

그때 내가 말했다. "그 참된 행복이 무엇인지를, 제발 좀, 지체 없이 제게 말해주시고 보여 주세요."

"그대를 위해서라면, 내 기꺼이 그리하겠네," 그녀가 대답했다. "그런데 나는 먼저 말로 서술하며, 그대에게 더 잘 알려진 주제의 윤곽을 제시하도록 힘쓰겠네. 그리하여 그대가 그 점을 분명히 깨달았을 때, 그대는 그것의 반대되는 쪽으로 시선을 돌리고 나서 진정한 지복(至福) 상태의 모습을 인지할 수 있을 것이네."

---

90 플라톤, 《국가》, 514A , 동굴의 신화 참조. 동굴의 거주자들은 그들 앞에 있는 벽면 위의 그림자들만을 바라봄.

시 |

처녀지에 씨를 뿌리고자 하는 이는

먼저 땅에서 잡목을 제거하고,

낫으로 양치류와 가시나무를 베어내어,

케레스[91]가 새 곡물을 잔뜩 싣고 오게 하라.

벌들의 꿀은 먼저 쓴 맛이

입을 툭 쏘면, 훨씬 더 달다.

남풍이 소란스러운 비를 멈추고 나면,

별들은 더욱더 밝게 빛난다.

아침별이 어둠을 쫓아내고 나면,

맑은 날은 장밋빛 준마들을 몰고 온다.

그릇된 물품들[92]만을 바라보는 그대 또한 이제는

그대의 목을 그 굴레에서 빼어 내기를 시작하라.

그러면 참된 물품들이 그대 마음속으로 스며들지어다.

---

91   원문 'Ceres 곡물의 여신'.

92   원문 'falsa bona 그릇된 좋은 것들'에서 짐작할 수 있듯이, 사물에 대한 인간
의 인식은 처음엔 '좋고 나쁜 것' 또는 '유용한 것과 쓸모없는 것'에 기초하고 있
는데, 철학적 · 신학적 차원에서는 '선과 악'으로 귀결됨. 또한 '물품'은 그 자체
로 유용성을 지니기 때문에 본 철학 논의에서도 '좋은 것'의 직유(直喩)로 쓰이고
있으나, 필요에 따라 보통명사와 추상명사의 경계를 뛰어넘는 '좋은 것 또는 물화
(物化)내지 개체화된 선'의 의미가 주도적 역할을 넘겨받음.

그 다음 그녀의 표정이 무엇에 집중된 듯, 마치 그녀의 고귀한 마음의 근저로 후퇴한 듯이 입을 열었다. "온갖 추구(追求)들로 분주해진 인간들의 전적인 관심사는, 여러 갈림길로 움직여 나가지만, 한 가지 같은 목적지, 즉 행복이라는 목적지에 도달하고자 애쓴다. 이제 그것은, 어느 사람이 그것을 획득하기가 무섭게, 더 이상 다른 욕망들에 대해서는 들어설 자리를 남겨 놓지 않는 그런 재산이다. 그리고 그것은 모든 재산들 중 최상의 것으로 그 안에 좋은 것은 다 들어 있다. 왜 그런가 하면, 만약 그것에 어떤 것이 빠져 있다면, 바로 이 뒤의 것이 갖고 싶어 하는 것일 수 있기 때문에, 그 먼저 것은 최상의 재산 즉 지고(至高)의 좋음(善)이 될 수 없는 것이다. 그러니까 행복 — 모든 재산들이 그 속에 포함되어 있기 때문에 — 은 완벽한 상태이다. 우리가 말한 것처럼, 모든 사람들은 여러 다양한 방법으로 이것을 획득하려고 애쓰는데, 그 진정한 좋음(善)에 대한 열망은 사람들의 마음속에 타고났기 때문이네. 그러나 그들은 거짓 재산들을 추구하도록 오도되고 있다. 자, 어떤 사람들은 지고의 좋음은 부족한 것이 없는 것이라고 믿는다. 그래서 그들은 부를 지니고 넉넉히 지내려고 노력하네. 그러나 다른 사람들은 가장 명예로운 것이 무엇이건 그것이 좋음이라고 생각하고, 그들이 이룬 업직들에 대해 동료 시민들로부터 명예를 얻고 존경 받고자 힘쓴다. 또 어떤 사람들은 지고(至高)의 좋음이 가장 강력한 권력에 있다고 생각한다. 이런 사람들은 자기들이 통치하기를 바라거나 또는 통치하는 자들에게 부속(附屬)되고자 한다. 그러나 명성이 아주 좋은 무엇이라고 생각하는 사람들은 전쟁이나 평화를 통해 그들이 보여준 재간을 통해 유명해진 그들의 이름들을 널리 알리기에 급급하다. 하지만 더 많은 사람들은 좋음의 향유를 기쁨과 즐거움을 잣대로 하여 측정하고, 향락에 빠지는 것이 가장 행복한 일이라고 생각한다. 그리고 또한 이런 여러 목적들과 동기(動機)들을 교환하고 뒤섞는 사람들도 있으니, 권력이나 쾌락을 누리기 위하여 부를 갈망하는가 하면, 또는 부를 얻기 위해 또는 그들 자신의 명성을 드높이기 위해 권력을 추구하기도 한다네. 그러니까 이런 것들과 그런 다른 것들에 사람들의 행위들과 기도들의 목표와 목적들이 연관되어 있네. 그래서 귀족 지위와 대중의 지지를 획득하고자 애쓰는데, 그것은 그렇게 해서 그들이 저명인사처럼 보이게 하고자 하기 때문이지. 또는 부인과 어린애들을 얻고자 하는 사람들도 있는데, 그것은 그들이 주는 즐거움 때문이지. 그러나 가장 신성한 범주의 좋음(善)은 우정이라는 좋음인데, 그것은 행운에서가 아니라 덕에서 얻어지는 좋음이네, 반면 다른 범주는 권력이나 즐거움을 위해 선택되고 추구되네. 이제 몸과 연관된 모든 좋은 것들은 위에서 언급된 것들과 쉽게 연계될 수 있네. 신체적 힘과 크기는 영향력을 부여하는 것같이 보이네. 아름다움과 신속함은 명성을. 그리고 건강은 쾌락을. 이 모든 것들에서 유일하게 갈망되는 것은 명백히 행복이네. 어느 사람이 그 무엇보다도 높이 추구하는 것, 그것을 그는 최상의 좋음이라고 여긴다.

그런데 우리는 그 최상의 좋음을 행복이라고 정의했네. 그렇기 때문에 각자는 다른 어느 상태들보다도 낫다고 갈망하는 상태가 행복하다고 판단하는 것이네.

그러니까 이제 그대는 인간적 행복의 윤곽들이 그대의 눈앞에 생생히 그려져 있는 것을 보고 있네. 부(富), 명예, 권력, 영광, 쾌락. 에피쿠로스[93]는 오직 이것들만 유심히 보았고, 결과적으로 그에게 최상의 좋음은 쾌락이라고 결론지었다. 즉 그에게 모든 다른 것들은 마음에 즐거움을 가져오는 것같이 보였기 때문이었다. 그러나 나는 인간들의 노력들을 되짚어 보고자 한다. 왜 그런가 하면, 인간의 마음은, 마음의 기억이 흐릿하지만, 그럼에도 마음의 고유한 좋음(善)을 다시 찾고 있기 때문이네. 그런데 술 취한 사람처럼 그의 귀향길을 찾지 못하고 있는 것이네. 그러니까 아무것도 결여하지 않으려고 노력하는 사람들이 정말 잘못인가? 모든 좋은 것들을 넉넉히 소유해서 다른 사람의 도움을 필요로 하지 않고 자족(自足)한 상태만치 '완전한 행복'으로 유도할 만한 조건은 거의 찾아보기 힘들 것이네. 가장 좋은 것은, 그것이 무엇이든, 또한 경의와 존경을 받을 가치가 있다고 생각하는 사람들은 틀린 것일까? 물론 그렇지 않지.

---

93 에피쿠로스(Epicurus)는 '향락주의'의 창시자로 알려져 있는데, 그는 기원전 342년경에 아티카(Attika)에서 태어나 에게 해 동부에 위치한 사모스(Samos)에서 자라났고, 데모크리토스(Democritus)와 그의 물리학 이론에 영향을 받은 기계론적 우주관에 따라 인간을 신들에 대한 두려움으로부터 해방시키고자 노력했다. 그런 맥락에서 그의 향락주의는 인간을 사후(死後)의 두려움과 근심으로부터 해방시키기 위한 지론이었음.

왜 그런가 하면, 거의 모든 사람들의 노력과 수고가 획득하려고 애쓰는 것은 비천하지도 않고 경멸될 수도 없는 것이지. 권력은 좋은 것들 중에 낄 수 없다고 간주할 수 있을까? 어찌 그럴 수가 있을까, 권력은 그 여타의 것들보다 더 우세하다는 것이 정평(定評)인데, 우리는 정말 그것이 연약하고 활력이 부족하다고[94] 생각할 수 없지 않은가? 명성은 아무것도 아닌 것이라고 평가될 수 있을까? 가장 우수한 것은 또한 가장 유명한 것같이 보인다는 것도 간과할 수 없는 것이네. 행복은 불안이나 슬픔에 억매이지 않고 또 고통들이나 성가신 것들에도 시달리지 않는다는 것을 굳이 언급할 필요가 있겠는가? 그도 그럴 것이, 사람들은 아주 작은 것들에서도 그들이 갖고자 하고 또 즐기고자 하는 것을 열심히 찾으니 말이네. 이것들이 확실히 그들이 획득하고자 하는 것들이고, 정리해 말하자면, 그들은 부(富), 높은 관직, 사람들을 지배하기, 영광, 그리고 쾌락을 갈망하는데, 그 이윤즉슨 그들은 그것들을 통해 충족, 존경, 권력, 명성, 그리고 기쁨을 성취할 것이라고 믿기 때문이네. 그러니까 그 '좋은 것'을 사람들이 서로 다른 많은 노력들을 통해 추구하는 것이네. 그리고 우리는 이 점에서 자연의 힘이 얼마나 큰지 쉽게 깨달을 수가 있네. 그도 그럴 것이 여러 견해들이 편차(偏差)를 보이고 그처럼 서로 다르다 해도, 그들은 같은 목표인 그 '좋은 것'을 사랑함에 있어서는 동의하기 때문이네."

---

94 원문 참조: 'sine viribus 활력이 없는'. 고대 희랍에서의 '용맹(arete)'은 덕성(德性)으로 간주되는데, '권력'은 그렇지 못하다는 의혹에 대한 반박으로 사료됨.

시 ||

선견지명이 있는, 힘 있는 자연이

고삐를 쥐고 만물을 통제하고,

법칙들로 광활한 우주를 보전하고,

모든 개별적인 것들을 확고한 유대(紐帶) 속에

붙들어 매어 놓으니, 이제 나긋나긋한 현(絃)들에서

내 낭랑한 노래 울려 퍼져라.

카르타고에서 온 사자들이[95] 멋진

쇠사슬을 차고 움직이며, 손으로 주는

음식을 받아먹으며, 채찍질에 익숙하지만,

그들의 사나운 조련사를 무서워한다.

만약 피가 그들의 입가에 머물 때면,

그들의 오래 나른했던 정기(精氣)가 되살아나고,

으르렁거리는 포효와 함께 잊혔던 본성이 되돌아오고,[96]

부서진 매듭진 목줄로부터 그들의 목들을 빼내고서,

그들의 분노를 풀 첫 상대는, 그들의 피로 물든

이빨들로 찢겨진, 그들의 조련사이다.

---

95 아프리카 서북부에 위치해 있었던 고대 왕국 카르타고, 즉 아프리카에서 온
사자들은 그곳 밀림에서 사냥된 후 로마로 이송되어 서커스에서 공중(公衆)의 오
락거리로 또는 개인 소유로 전락했다고 함.

96 원문에 'meminere sui 자신을 다시 기억하는 것'. 'hapax legomenon 희귀어'
라 할 수 있는데, 그 의미는 '그들이 자신의 본래의 야성(野性)을 되찾는다'는 의
미.

나무의 우듬지를 사랑하는 새는

동굴 같은 우리에 갇혀 있네.

사람들은 그 새를 노리개같이 취급하지만,

모이를 넣어 주며 그것을 보살핀다. 그러나

그것이 그의 좁은 새장에서 깡충거리며

사랑하는 나무들의 그늘을 보면,

그것은 발로 먹이를 흩트려 놓는다.

그것이 정녕 원하는 것은 그것의 숲이기에, 그것은

슬프게, 부드럽게, 달콤하게 그의 숲을 노래한다.

이제 그대는 온 힘을 다해

한 묘목의 윗부분을 땅 위로 꾸부려 보아라.

그러나 그대가 그것을 꾸부리고 있는 오른손을 놓으면,

그것의 윗머리는 곧바로 하늘을 다시 가리킨다.

포이보스(Phoebus)는 서쪽 파도들 밑으로 가라앉지만,

어느 비밀 행로를 따라 다시금

그의 황금 수레를

익숙한 동녘으로 돌린다.

각 존재는 자신의 길을 되찾고 있고,

자신의 귀환에 즐거워한다.

끝을 시작과 연결하여

주기(週期)를 공고(鞏固)히 하는 행로 외에는

누구에게도 다른 행로가 명령될 수 없다.

"그대들, 지상의 동물들이여, 보아하니 희미한 이미지(影像)로라도 그대들의 시초(始初)를 꿈꾼다. 그대는 불투명한 상상력으로나마, 그래도 어떤 관념을 지닌 채, 그대의 행복의 진정한 목표를 바라보고 있네. 그대의 자연스러운 성향들이 그대를 목표 즉 진정한 좋음으로 이끌어 가는가 하면, 반대로 여러 종류의 잘못된 개념들이 그대를 거기가 아닌 딴 데로 오도(誤導)한다. 자, 생각해 보게, 사람들은 그들이 설정해 놓은 목표에, 행복을 얻기 위해 성취한 그런 매개체을 통해 도달할 수 있겠는가? 왜 그런가 하면, 만약 돈이나 명예 또는 여타의 것이 그런 상태 — 어떤 좋은 것도 빠져있지 않은 상태 — 를 도출한다면, 어떤 사람들은 그런 것들을 얻음으로 해서 행복하게 된다는 사실을 우리도 인정해야 할 것이네. 그러나 만약 그것들이 약속하는 바를 이행하지도 못하고 여러 좋은 것들이 빠져있다면, 그것들이 도출하는 행복의 외모가 명백히 가짜가 아니겠는가? 그러니 먼저 나는 그대 자신에게 묻노라, 얼마 전만 해도 아주 부유했던 그대는, 넘치는 부(富)에 둘러싸여서도, 어떤 잘못된 일 또는 그와 같은 것에서 솟아오르는 불안감에 마음이 혼란스러워진 적이 없었는가?"

"언제나 어떤 식으로든지 고통을 느끼지 않을 만치 제 마음이 그렇게 자유로웠다고는, 확실히 기억할 수 없네요." 내가 대답했다.

"그건 그대가 원했던 것이 빠져있었거나 또는 그대가 원치 않았던 것이 거기 끼여 있었기 때문이 아니었을까?"

"맞아요," 내가 대답했다.

"그러니까 그대는 어느 하나는 있었으면 했고, 다른 하나는 없었으면 했단 말이지?"

"그렇죠," 내가 말했다.

"그렇다면 어느 사람이 갈망하는 것이 없다면 결여된 것이 겠지?"

"그렇죠, 결여된 것이죠," 내가 말했다.

"그러나 무엇이 결여된 사람은 완전히 자족(自足)하지는 못하겠지?"

"그렇죠, 그는 확실히 그렇지 못하죠," 내가 말했다.

"그러니까, 그대가 그처럼 부(富)로 둘러싸였을 때도," 그녀가 말했다. "이 불충분(不充分)을 느꼈단 말이지?"

"왜 그것이 잘못되었나요?" 나는 물었다.

"그렇다면 부는 사람을 아무 부족함이 없이 ― 부가 약속하는 것처럼 보였지만 ― 자족하게 만들 수 없는 것이네. 그리고 나는 다음 사항 또한 고려해 볼만한 가치가 있다고 생각하네, 즉 돈의 속성에는 돈을 소유하고 있는 사람들의 의사에 반해 돈이 빼앗겨지는 것을 예방하는 어떤 요소도 없다는 것 말이네."

"그렇죠, 나는 그것을 시인해요." 내가 말했다.

"그대가 그것을 시인하지 않을 리가 없지, 더 힘센 자들이 다른 사람의 의사에 반하게 돈을 강탈하는 일이 다반사니까.

로 뜯긴 돈을 되찾으려는 경우가 아니라면, 그 많은 소송들의 이유가 무엇이겠는가?"

"그건 그렇습니다." 내가 말했다.

"그러니까," 그녀가 말했다. "사람들은 자신들의 돈을 안전하게 보존하기 위해서 외부에 어떤 도움을 청해야 하지 않겠나?"

"누가 그것을 부인하겠어요?" 나는 물었다.

"그러나 그는 잃어버릴 수 있을 돈을 소유하고 있지 않다면, 그럴 필요가 없을 것이네."

"거기에 대해선 의심할 바가 없죠," 내가 말했다.

"그러니까 상황이 기대했던 것과는 아주 반대가 되었네. 한 사람을 자족하게 만든다고 생각되었던 부가 실제로는 그로 하여금 어느 다른 사람의 도움을 필요로 하게 만드네. 그리고 어떤 수단으로 부가 필요의 욕구를 제거한다는 것인가? 돈 많은 사람들은 배고프지 않을 수 있나? 그들은 목마르지 않을 수 있나? 돈 있는 사람들의 몸뚱이는 겨울의 추위를 느끼지 않을 수 있는가? 그러나, 그대는 반박하겠지, 부유한 사람들은 허기를 채우고, 갈증을 해소하고, 추위를 제거할 수단들을 지니고 있다고 말이지. 그러나 부에 의해 필요의 욕구가 더 견디기 쉽게 만들어지는 그런 방식으로는 욕구가 완전히 제거될 수는 없네. 왜 그런가 하면, 언제나 어떤 것을 얻으려고 헐떡이며 요구하는 필요의 욕구가 부에 의해 충족된다 해도, 아직도 충족될 수 있는 어떤 욕구가 남게 마련이네. 자연은 거의 아무것도 필요로 하지 않고 자체로 만족하는 반면, 탐욕은 어떤 것으로도 충족되지 못한다는 사실을 나는 말하지 않겠네. 만약 부가 필요의 욕구를 제거할 수 없고, 자체의 욕구를 만들낸다면, 어떤 이유로 부가 그대에게 충족을 부여할 수 있다고 믿어야 하는가?"

시 III

욕심쟁이 부자로 하여금 그의 넘칠 줄
모르는 부를 금의 강물로 채우도록 하여도,
그의 목을 홍해의 진주들로 들씌우게 하고,
그의 비옥한 땅들을 수백 마리의 소들로 경작케 하여도,
그가 살아 있는 동안 쏘는 근심은 그를 떠나지 않을 것이며,
변덕스러운 부는 죽은 그와 동행하지 않을 것이로다.

산문 IV

"그런데 높은 관직들은 그것들을 획득하는 자에게 명예와 존경을 가져다준다. 그러나 정말 관직들을 획득한 이들의 마음에 덕들을 심어주고 악덕들을 쫓아내는 그런 힘이 관직들에 있는 것일까? 확실히 말할 수 있는 것은, 그것들은 대개 패덕(悖德)한 것을 쫓아내지는 않고 소문나게 한다. 그 점이 우리가 관직

들이 가끔 사악한 자들에게 부여되는 것에 분개하는 이유이다. 그래서 카툴루스(Catullus)는, 노니우스(Nonius)가 고관 의자에 앉아 있었지만, 그를 연주창(連珠瘡)이라고 불렀던 것이네. 그대는 높은 관직들이 나쁜 사람들에게 얼마나 많은 불명예를 가져오는지를 아는가? 저들이 어떤 명예들로 유명해지지만 않았다면, 저들의 비천함은 덜 명백했을 텐데. 그리고 그대는 데코라투스(Decoratus)에게서 아무짝에 소용없는 한량과 밀고자의 기질을 간파했을 때, 궁극적으로 그토록 많은 위험에 처하게 될 텐데, 그와 함께 행정관직을 떠맡도록 유도될 수가 있었겠는가? 그도 그럴 것이, 우리가 일차적으로 관직을 맡을 자격이 없다고 판단하는 그런 사람들이 관직을 차지하고 있다 해서, 존경받을 가치가 있다고 판단할 수는 없네. 그러나 만약 그대가 지혜를 지니고 태어난 어떤 사람을 안다면, 그가 존경 받을 가치가 없다거나, 또는 그 지혜가 칭찬받을 가치가 없다고 생각할 수 있겠는가? 물론 그렇지 않겠지. 그러니까 고유한 가치가 덕에 있는 것이고, 그것은 덕이 합치되어 있는 이들에게 곧바로 부여되는 것이네. 이제 민중에 의해 환호되는 명예들은 그렇지 못하기 때문에 그것들은 참 가치에 고유한 미(美)를 지니지 못한다는 것은 명백하다네.

그리고 이 문제에 있어 그대는 이 점을 십분 고려해야 하네. 만약 어느 사람이 더 비열하면 할수록 더 많은 사람들에 의해 더 경멸을 받는 법이고 또 높은 관직은 그런 사람들을 더욱더 경멸의 대상으로 만든다네. 왜 그런가 하면, 관직은 부정직한 사람들을 존경 받게 만들 수 없을 뿐더러, 그 직분이 그들을 더 많은 사람들의 시선에 노출시키기 때문이네. 그런데 관직들 그 자체도 상처 없이 그대로 남아 있지 못하네. 그도 그럴 것이 부정직한 사람들은 그들의 오염된 상태가 관직들을 더럽히기 때문에, 관직에 상응하는 대가를 받게 되네.

이제 그대는 진정한 존경이 그런 음험한 관직 위엄으로부터 도출될 수 없다는 것을 인지하고 있으니, 여러 번 집정관 노릇을 해보았던 사람이 우연히 로마 세계를 떠나 어떤 이방 국가들에 도달하게 되었다고 가정해 보게. 그의 높은 지위가 이방인들로 하여금 그를 존경하도록 만들어 주겠는가? 만약 그런 관직들이 속성상 그런 능력을 지니고 있다면 — 예컨대 불이 세상 어디에 있어도 뜨겁지 않을 수 없듯이 — 위엄들은 어느 민족들 가운데에서도 그것들이 지닌 힘을 전혀 잃지 않을 것이네. 그러나 존경을 받는 그런 능력은 관직들에 깃들어 있는 고유한 힘이 아니라, 그저 사람들의 망상적 견해에 의해 부합하는 것으로 추정되는 것이기 때문에, 그런 위엄들은, 그것들을 위엄들로 전혀 고려하지 않는 사람들 가운데 도달하자마자, 사라져버린다네.

그러나 이것은 물론 이방인들 나라에서 그렇다는 얘기지. 그러나 위엄들은 높은 관직들을 창조한 사람들 사이에서는 그대로 유지되나? 집정관 제도는 한때 대단한 권력을 지닌 직분이었네, 그런데 이제 그것은 허울 좋은 이름뿐이고 원로원의 재정에 막대한 부담이 되고 있네. 한때, 어느 사람이 공적(公的)

곡물 배급의 역할을 담당했다면, 위대하다고[97] 생각되었겠지만, 이제 그 행정 장관직보다 더 낮은 것이 또 있겠는가? 그도 그럴 것이 방금 내가 말한 것같이, 자체의 속성으로는 어떤 영광도 지니지 않는 것이, 관직을 지니는 사람들의 생각에 따라 어떤 때는 화려하기도 하고 어떤 때는 그렇지 않기도 하네. 따라서 만약 높은 관직들이 어느 사람을 존경받게 만들 수 없다면, 더 나아가서, 관직들을 차지하고 있는 부정직한 사람들에 의해 감염되어, 여봐란듯이 더럽혀져 있다면, 만약 그것들이 시대가 변함에 따라 화려함을 멈춘다면, 만약 그것들이 다른 민족들이 판단하기에 값싼 것이라면, 우리가 추구해야 할 어떤 미(美)가 그것들 속에 있을 수 있겠는가? 그런 것들이 다른 것들에게 미를 부여한다는 것은 어림도 없네."

시 IV

아무리 그가 진홍색 옷감과 눈같이
흰 진주들로 도도하게 감쌌다 해도,
네로는 모든 이들에게 미움을 받으면서도
그의 잔인한 방종 속에서 흥청거렸네.
어느 때 후안무치의 그는 존경받는 원로들에게

---

97 원문 'magnus habebatur 위대하다고 생각되었다'에서 그 '위대하다'는 표현은 카이사르와 삼두정치를 했던 그나이우스 폼페이우스 마그누스(Gnaeus Pompeius Magnus, 기원전 106-48)를 연상시킴.

수치스러운[98] 집정관들을 뽑아 달라고 했네.
누가 그런 비참한 인간들에 의해 부여되는 그런
명예들을 축복된 것이라고 생각할 수 있을까?

산문 V

"그러나 정말 왕국들과 왕들과의 연계가 한 사람을 참으로 힘
있게 만들 수 있을까? 그들의 복이 영구히 간다면, 그럴 수도
있지 않을까? 하지만 옛 시절엔 ― 현재도 그렇지만 ― 복이 불
행으로 뒤바뀐 왕들의 예들은 수두룩하였네. 오, 어느 멋진 권
력도 그 자체의 보존(保存)에도 못 미치고 말다니! 만약 왕국들
위에 군림하는 이 권력이 행복을 산출해 낸다 치고, 그것이 존
경 면에서 부족하다면, 그런 권력은 행복을 감소시키고 비참
한 지경을 만드는 것은 아닐까? 그러나 어느 인간 제국들이
[99] 아주 넓게 확장되어 있다하여도, 어느 특정한 왕이 다스리
지 못하는 민족들은 뒤에 처져 있게 마련이네.[100] 게다가 사람
들을 행복하게 만드는 권력이 끝나는 곳에서는 권력 부족이 스

---

98 원문에서 'indecores 수치스러운': 이 형용사는 서술적으로 네로에 의해 주어
지는 직분들이 폭군인 그로부터 연유하기 때문에 수치스럽다는 의미. 또 그 문장
의 시제가 반과거형이기 때문에 그런 일이 종종 있었음을 시사함.

99 카이사르와 폼페이우스에 의해 로마의 권력이 유럽, 북아프리카, 아시아에 걸
쳐 확산 된 후, 카이사르 이후 제국이 건설되고, 그것이 다시 동·서 로마제국으로
갈라지기는 했지만, 로마제국의 영향력은 광범위하였음.

100 왕권이 행복과 동일하다는 전제(前提)에 대한 반박.

며들어 사람들을 비참하게 만든다네. 그러니 이런 식으로 왕들은 행복보다는 비참에 더 큰 몫을 지닐 수밖에 없단 말이네. 한 폭군[101]은, 경험적으로 자신이 처해 있는 처지의 위험들을 알고서, 왕으로서의 두려움들을 다모클레스의 머리에 매달아 놓은 칼에 비유했다네. 마음을 좀먹는 근심을 제거하지도 두려움의 가시를 예방할 수도 없는 이 권력은 그렇다면 무엇이란 말인가? 확실히 왕들은 그들의 삶을 끝까지 근심 없이 살기를 원했을 걸세, 그러나 그들은 그렇게 할 수 없는 것이지. 그래서 그들은 그들의 권력에 대한 자랑을 늘어놓는 것이네! 만약 어느 사람이 할 수 없는 것을 하기를 원한다면, 그대는 그가 권력이 있다고 생각하겠는가? 또 어디를 가든지 경호원을 옆에 끼고 다니는 사람이 권력이 있다고 생각하겠는가? 또는 어느 사람이 있는데, 다른 사람들이 그를 무서워하기보다 그가 그들을 더 두려워한다면, 그런 사람은 어떠한가? 혹은 권력의 과시(誇示)가 한 무리의 정신(廷臣)들에 의존하는 경우는 어떠한가? 글쎄, 내가 왕권 그 자체가 그런 허약함으로 차 있다는 것을 제시하고 난 이제 그런 왕들의 동반자들에 대해 더 말할 것이 있겠는가? 그도 그럴 것이 정신들은 왕의 권력이 안전할 때도 또 그것이 전복되는 때도 곧잘 기가 꺾여 있으니 말이네. 네로는 동

---

101   시라쿠사(Syracusae)의 왕 디오니시우스 1세(Dionysius 기원전 430~367)에 관한 에피소드. 그 일화는 키케로가 쓴《투스쿨룸 대화 Tusculanae disputationes》, V, xxi, 61 – 62에 실려 있음. 연회 석상에서 왕은 왕권의 행복을 언급한 다모클레스에 화려한 옷을 입히고 그의 머리 위에 큰 칼을 올려놓고 다시 물으니 그가 혼비백산 했다함.

반자이고 스승인 세네카로 하여금 자신이 죽어야 할 방법을 택하도록 강요하였다네.[102] 파피니아누스(Papinianus)는[103] 긍정에서 오랫동안 권력을 쥐고 있었는데, 안토니누스(Antoninus)는 그를 자신의 병정들의 칼에 꿰찔려 죽게 했네. 하지만 두 사람은 그들의 권력을 포기하기를 원했다. 세네카는 그의 재산을 네로에게 교부하고 은퇴하려고까지 애썼다. 그러나 그들이 벼랑 끝에 서있었고 바로 그들의 위용이 그들을 아래로 끌어내리고 있었을 동안, 어느 하나도 그가 바랐던 것을 성취하지 못했던 것이네. 그렇다면 그 권력이란 무엇인가? 그것을 지니고 있는 사람들이 그것을 지극히 두려워하고 있으니 말이지. 그대가 그것을 소지(所持)하기를 원하는 동안, 그대는 안전하지 않고, 그대가 그것을 내려놓고자 원하는 때, 그대는 그것을 제거할 수가 없는 것이네. 우리는 우리의 덕에 의해서가 아니고 우리의 세속적 성공에 의해 우리에게 이끌린 친구들로부터 참말로 도움을 받는 것일까? 그러나 행운을 통해 그대가 어느 사람을 친구로 만들었다면, 불운(不運)은 그를 적으로 만들 것이네. 그리고 무슨 역병(疫病)이, 한때 친한 친구였다가 원수가 된 자보다 더 많이, 어느 사람을 해칠 수 있겠는가?"

---

102 로마의 사가(史家) 타키투스(Tacitus), 《연대기 Annales》, xiv 53–54 참조. 세네카는 진작 궁중에서 은퇴하려고도 하였지만, 네로는 그가 어떤 음모에 가담했다고 해 사형 언도를 내렸고, 그는 소크라테스를 본받아 '독당근 독약'을 택했다고 전해짐.

103 로마의 가장 위대한 법률가로 간주되며 세베루스(Severus) 황제 당시 행정 장관이었는데, 세베루스의 아들 안토니누스에 의해 기원 212년경에 죽임을 당했음.

시 V

권세를 지니기를 원하는 사람은
사나운 심기(心氣)를 길들여야 하고,
욕망의 노예가 되어 그의 목에
그 악취 나는 굴레를 씌어서는 안 된다.
정녕 저 먼 인도 땅이
그대의 통치 밑에서 떨고 있고, 또
멀고도 먼 튈레(Thyle)[104]가 그대에게 봉사한다 해도,
암울한 염려를 떨쳐버리지 못하고 또는
불평하는 비참한 신세를 쫓아버리지 못하는 것은
그것은 전혀 권력이 아니어라.

산문 VI

"그리고 영광, 그것은 얼마나 자주 기만적이고, 또 얼마나 비천
한가! 바로 그렇기 때문에 바로 그 비극 시인[105]은 틀리지 않
고, 이렇게 외쳤던 것이네.

---

104 베르길리우스(Vergilius, 서기전 70 – 19), 《농업 시집 Georgica》, i.30 참조.
정체가 불분명한 지명으로 아이슬란드나 노르웨이라고 추정됨.

105 희랍의 비극 시인 에우리피데스(Euripides), 《안드로마케 Andromache》
319 이하를 볼 것. 안드로마케는 트로이 전쟁에서 트로이의 용장 헥토르(Hector)
의 아내였음.

오 영광, 영광이여, 그대는 무수히 많은 인간들을 위해

하찮게 태어난 그들의 삶을 크게 부풀려 놓았도다!

왜냐하면 너무나 많은 사람들이 군중의 그릇된 생각들을 통해 종종 대단한 평판을 얻곤 했네. — 그보다 더 비천한 것을 상상할 수 있겠는가? 정녕 무엇이 잘못되어 많은 사람들의 입에 오르는 사람들은 그들 자신에 대한 칭찬들을 듣고는 얼굴을 붉혔을 것이 틀림없네. 설령 그런 칭찬들이 공적(功績)들에 의해 얻어진 것이라 해도, 자신의 좋음(善)을 대중의 잡담이 아니라 자기 자신의 인지(認知)의 진실에 따라 측정하는 현자(賢者)의 자기인지(自己認知)에 무슨 보탬이 되었겠는가? 그러나 어느 한 사람의 평판이 널리 퍼진 것이 멋있게 보인다면, 널리 퍼지지 않는 경우는 부끄러운 일이라고 판단하는 것이 논리적 귀결이네. 그러나 — 내가 이제 방금 보여준 것처럼 — 한 사람의 평판이 도달할 수 없는 많은 나라들이 있는 고로, 그대가 영광스럽다고 생각하는 사람이 이 지구상의 바로 옆 나라에서도 무명 인사로 간주되는 일이 생기게 되네. 그러나 여기서 나는 대중적 선호(選好)는 언급할 가치조차 없다고 말해도 되겠네. 그것은 건전한 판단에서 비롯되는 것도 아니고 또 늘 공고히 견지되지도 않네. 그러나 이제 누군들 귀족에 대한 평판이 얼마나 공허하고 허황된 것인지를 깨닫지 못하겠는가? 만약 그것이 명성과 관계가 있다면, 그 명성은 다른 사람에 속하는 것이네. 그도 그럴 것이 귀족이라는 기품(氣品)은 부모들의 공적에서 유래하는

일종의 칭찬같이 보인단 말이네. 이제 만약 화제에 오르는 것이 명성을 산출(産出)한다면, 화제에 오르는 사람들은 유명한 것이 틀림없네. 그렇기 때문에, 그대가 그대 자신의 명성을 지니고 있지 않다면, 다른 사람들의 명성이 그대를 평판 나게 하지 못한다네. 그러나 만약 귀족 기품에 어떤 좋음(善)이 있다면, 나는 그것은 단지 이것 하나라 생각하네. 즉 귀족 기품이 그들 조상의 덕으로부터 퇴보하지 않도록 하는 것이 귀족 신분을 가진 사람들이 지켜야 할 의무처럼 보인다는 것이네.[106]”

시 VI

지상 위의 모든 인류는 같은 근원에서 출발한다.

모든 것을 지으신 한 아버지가 있고 그는 만물을 보살피신다.

그는 태양에게는 광선들을, 달에게는 뿔들을 주었네.

그는 또한 지구를 사람들로, 하늘을 성좌들로 채웠네.

그는 정령들을 그들의 높은 처소로부터 사지(四肢)들 속에 박았네.

그리하여 하나의 고귀한 씨앗이 모든 인간들을 지어냈네.

왜 그대들의 가계(家系)나 그대들의 조상에 관해 큰소리치나? 만약 그대들이

그대들의 시작과 그대들을 만든 신을 고려한다면, 그 누구도, 아(惡)

---

106 프랑스어의 명구(名句) 참조: “Noblesse oblige, 양반은 양반답게 처신해야 한다.”

속에서 더

천한 짓들을 하며 고유한 기원(起源)을 버리는 자 이외엔, 전락하지 않네.

산문 VII

"내가 육체의 쾌락들에 대해 무슨 말을 하겠는가? 그런 것들에 대한 동경은 불안에 차 있고, 그것들의 만족은 회한에 차 있게 마련이니. 이 쾌락들은 일반적으로 그것들을 즐기는 사람들의 몸에, 사악함의 과일같이, 얼마나 몹쓸 질병들과 얼마나 견디기 어려운 고통들을 야기하는 것인가? 그런 욕정들을 불러일으키는 것에 어떤 기쁨이 있는지 나는 모르네. 그런데 이런 쾌락들은 뒤끝이 씁쓸하네. 그 누구도, 자신의 욕정들을 상기해 보려 한다면, 그걸 이해할 걸세. 만약 육체적 쾌락들이 인간들을 행복하게 만들 수 있다면, 짐승들 또한 행복하다고 불리어지지 않을 이유가 없네. 왜 그런가 하면, 짐승들의 온갖 노력은 육체 속에 결여되어 있는 욕구들을 충족시키는 데에 다 쓰이니 말이네. 아내와 자식들로부터 기인하는 기쁨은 명백히 아주 좋은 것이네, 그런데 누군가가 천성(天性)에 부합되게 썩 잘 말한 것이 있지. 자식들은 고문자(拷問者)들이[107] 되도록 고안(考案)되

---

107 원문에 'filios invenisse tortores 고문자들인 자식들을 창안한 것'으로 되어 있는데, 더 나은 어느 다른 원고에서는 'tortores'가 아니고 'tortorem'으로 읽히기 때문에, 그런 경우에는 '고문자가 자식들을 고안한 것'이라는 독법(讀法)이 됨.

었다는 거네. 그것을 전에 경험하였고 지금도 불안해하고 있는 그대에게 경고할 필요는 없겠지. 그들이 얼마나 고통을 당하고 있고 어떤 상황에 처해 있는지 그런 염려가 그대의 마음을 쏠아 먹고 있어. 이러한 문제에 있어 나는 에우리피데스와 견해를 같이 하는데, 그의 명언은 '자식들이 없는 이는 불행 중에도 행복하다'는 것이네.[108]"

시 VII

모든 쾌락은 이러하기에,

그것을 즐기는 이들을 자극하며,

향기로운 꿀을 쏟아 부은

나는 꿀벌들처럼,

달아나면서도 그처럼 오래가는

독침의 상처를 우리 가슴에 남긴다.

산문 VIII

"그러니까 행복에 도달하려고 하는 이런 길들은 의심할 바 없이 일종의 옆길들인데, 이것들은 누구에게나 인도해 주겠다고

---

108 에우리피데스(Euripides), 《Andromache 안드로마케》, 420: "δυστυχῶν δ' εὐδαιμονεῖ. 그는 불행하는 중에 행복하다."

약속한 장소로 사람을 데려다 줄 수 없는 것이다. 이제 나는 그런 추구들이 어떤 엄청난 악들과 제휴되어 있는지를 아주 간결하게 보여 주겠다. 떼돈을 모으기 위해 그대는 무슨 짓을 해야 할까? 그런데 그대는 그것을 먼저 가지고 있는 사람한테 빼앗아야 할 것이다. 그대는 그대의 명예를 얻기 위해 저명인사가 되고 싶은가? 그대는 그런 명예들을 부여하는 후원자들로부터 그것들을 겸손히 구걸해야 할 것이다. 그리고 명예에 있어 다른 이들을 능가하기를 갈망하는 그대는 구걸이라는 비천한 행동을 함으로써 품격을 잃게 될 것이다. 그대는 권력을 원하는가? 그대는 위험에 노출된 상태에 놓이게 될 것이고, 그대의 밑에 있는 사람들의 배신행위에 먹이가 될 것이다. 그대는 영광을 추구하는가? 그러나 온갖 난관으로 인해 이리저리 끌려 다니다가 그대는 안전을 잃게 될 것이다. 그대는 향락의 생활을 영위하고 싶은가? 그러나 누구인들 육체라는 그토록 비천하고 나약한 것의 봉사를 경멸하고 배척하려 들지 않겠는가? 이제 정말이지, 어떤 사람들은 신체들이 지니고 있는 좋은 자질(資質)들을 뽐내고 있네 — 그들이 의지하고 있는 소유 항목이 얼마나 천하고 나약한 것인가! 그대들은 정말이지 체구에 있어 코끼리들을, 또는 체력에 있어 황소들을 능가할 수 있겠는가? 또는 속도에 있어 호랑이들을 앞지를 수 있겠는가? 하늘의 공간, 확고부동함, 속도를 우러러보게, 그리고 이 후로는 비천한 사물들에 경탄하기를 중지하게. 하기야 하늘은 이런 것들보다는 천체들이 지배되고 있는바의 질서 때문에 경탄되는 것이네. 그런데 미(美)의 광채는 얼마나 빨리 지나가며, 정말 봄꽃들의 변하는 사랑스러움보다도 더 빨리 자취를 감춘다네. 그런데 말일세, 아리스토텔레스가 말하듯이, 만약 사람들이 그들의 시력이 장애물들을 꿰뚫어볼 수 있도록 저 린케우스(Lynceus)[109]의 눈을 즐겨 사용하였다면, 알키비아데스(Alcibiades)[110]의 피상적으로 매우 아름다운 저 육체도 지극히 야비하게 보이게 되지 않겠는가? 그의 내장을 다 볼 수 있었을 테니 말이네. 그러니까 그대가 아름답게 보이는 것은 그대의 천성에서 기인하는 것이 아니라 그걸 보는 이들의 허약한 눈이 그렇게 만드는 것이네. 그러나 그대들은 신체의 좋은 자질(資質)들을 마음대로 과대평가할 수 있겠지만, 그대들이 감탄하는 것은 '3일 열병'의 불길에 순식간에 파괴될 수 있다는 것을 명심하게. 이 모든 예들에서 우리가 종합적으로 결론 내려도 좋은 것은, 약속하는 것을 공급하지도 못하고 모든 것을 합쳐도 완전할 수 없는 이것들은 마치 다양한 통로인 듯이 보이지만, 행복으로 이끌어가지 못하고, 이것들 자체로는 사람들을 행복하게 만들 수 없다는 것이네."

---

109 금양모를 찾아 떠난 아르고(Argo)선에 합승했던 린케우스는 그의 예리한 투시력으로 인해 명성이 높았음.

110 알키비아데스와 소크라테스의 관계는 서양 철학사에서 유명함. 플라톤의 《향연 Symposion》, 217A를 볼 것.

시 VIII

아, 무식은 비참한 사람들을 얼마나
옆길로 빠지게 하여 헤매게 만드는가!
그대들은 초록 나무에서 금을 찾지 못하고
포도 가지에서 보석을 구하지 못한다.
그대들은 생선으로 멋진 상을 차리려고
높은 산들에 은밀히 그물들을 놓지 말게.
또 그대들이 암염소를 사냥하고자 한다면,
튀레니아[111] 여울들을 뒤지지 말지어다.
하기야 정말 사람들은 바다 파도에 숨겨진
저 깊은 후미진 곳들을 잘 알고 있네.[112]
어느 해역에 눈같이 흰 진주들이 넘쳐나고,
또 어느 해역에서 붉은 뿔고둥들이 나고.
또 정말이지 어느 해변에서 연한 생선들이나
또는 가시 돋친 성게들이 많이 나는지 말이네.
그러나 그들이 갈망하는 좋음(善)이 어디에 숨어 있는지를
그들은 장님처럼 모르고 있다네.
또 별들로 뒤덮인 저 극(極) 너머에 있는 것을

---

111 원문의 'Tyrrhena 튀레니아의'. 이탈리아 서부에 위치했던 옛 에트루리아
(Etruria) 나라를 지칭.

112 원문에 주어에 따른 동사 'norunt'는 'nosco 안다' 동사의 복수완료형
(noverunt)으로 의미를 강조하여 '잘 안다'의 뜻으로 이해되고, 문법적으로 흔치
않은 용법. 또한 그 완료 부정형으로 'novisse' 대신 'nosse'가 활용되기도 함.

그들은 땅속 깊은 곳에서 찾고 있네.

그런 어리석은 심령들 위에 내 무슨 저주를 기원하겠나?

그들이 부(富)와 명예를 애써 구하도록 내버려 두게.

그들이 무진장 애를 써 거짓 물품을 획득하였을 때,

그들이 참된 물품을 인지하게 되기를.

산문 IX

"지금껏 나는 거짓 행복의 윤곽을 그렸고 이 문제에 관해선 더 이상 말을 않겠네. 나의 다음 단계는 참된 행복이 무엇인지를 제시하는 것이네."

"나는 정말 다음을 인지하지요," 내가 말했다. "충족이 부(富)를 통해서, 또는 권력이 왕권을 통해서, 또는 존경이 관직을 통해서, 또는 명성이 영광을 통해서, 또는 환희가 쾌락을 통해서 획득될 수 없다는 사실을 말이죠."

"그리고 그대는 이것이 왜 그런한지 이유들도 아울러 파악했겠지?"

"말하자면 좁은 틈새를 통해 그것들을 엿보고 있는 것 같아요. 그러나 그것들에 관해 당신으로부터 더욱 넓게 배우는 편이 낫겠어요."

"정말 설명을 건넬 준비가 잘 되어 있네, 왜 그런가 하면, 단순하고 본선상 나뉘지 않은 것을 인간적 오류가 분리하고 곡해하여 참되고 완전한 것을 그릇되고 불완전한 것으로 만들어 놓기 때문이네. 그대는 아무것도 필요로 하지 않는 것은 권력이 부족하다고 생각하는가?"

"확실히 안 그렇죠," 내가 대답했다.

"그대 말이 참으로 맞네," 그녀가 말했다. "어느 모로 보나 아주 나약한 어떤 것이 있다면, 그 점에 있어서 외부의 도움을 필요로 하는 경우가 되는 거지."

"그러네요," 내가 말했다.

"그런고로 충족의 본성과 권력의 본성은 하나이고 같은 것이네."

"그런 것 같네요."

"이제 그대는, 어떤 것이 이런 종류의 것이라면, 그것이 경멸되어야 하는가, 아니면 반대로, 모든 것 중에서 가장 존경받을 만한 가치가 있는 것이라고 생각하는가?"

"후자가 맞죠," 내가 말했다. "의심할 여지가 없어요."

"그러니까 우리는 충족과 권력에 존경을 보태기로 하세, 그렇게 되면, 우리는 이 세 가지를 하나라고 판단하는 것이네."

"우리가 정말로 진리를 인정하고자 하는 마당이니까, 그렇게 그것을 보태기로 하죠."

"그렇다면 말일세," 그녀가 말했다. "그대는 그러한 자격이 세상에 잘 알려져 있지 않고 평범한 것이라고 생각하고 있는 것인가? 아니면 그것이 모든 좋은 평판과 더불어 가장 유명한 것인가? 이제 우리가 전제한 바 아무것도 부족함이 없고, 가장 권력 있고, 또 가장 명예를 지닐 가치가 있는 그 존재가 명성을 결여하고 있고 또 그 자체의 힘으로 그것을 마련할 수 없고 그러한 점에서 급수가 낮게 보이는 것인지 또는 그렇지 않은 것인지 한번 고려해 보게."

"나는 인정하지 않을 수가 없네요," 내가 말했다. "그런 상태에 있는 존재는 또한 가장 평판이 좋다고 보아야죠."

"그렇다면, 결과적으로 우리는 명성이 먼저의 세 자질들과 전혀 다를 바 없다는 것을 인정하기로 하세."

"논리에 부합하네요," 내가 말했다.

"그 자신 외에 어느 것도 필요로 하지 않고, 유명하고, 존경받을 가치가 있는 존재는 또한 가장 즐거워하는 존재가 아니겠는가?"

"나는 도무지," 하고 말했다, "어디서 어떤 슬픔이 나와 거기에 끼어들지를 생각해 볼 수도 없네요. 그러니까 참말로 지금까지 언급된 것이 옳다고 한다면, 그 존재가 또한 가장 즐거움에 넘쳐 있는 존재라고 인정해야 되지요."

"그리고 그 같은 논거들에 따르면 이런 결론이 또한 필요하네, 즉 충족, 권력, 명성, 존경, 즐거움, 그와 같은 명칭들은 서로 다르지만, 그들의 실체는 어느 면에서도 서로 다르지 않다는 것이네."

"그것은 필연적이네요," 내가 말했다.

"이제 그의 본성에 있어 단 하나인 이 존재를 인간의 완매⟨頑昧⟩함이 쪼개어내고, 실제로 부분들이 있지 않은데도, 그것의 일부분을 획득하고자 애쓰는 과정에서 — 그 부분들은 없으니까 — 한 부분도 못 얻고 또 조금도 노력해서 얻으려고 하지 않는 그 [전체적] 존재 자체도 얻지 못하는 법이네."

"어떻게 그렇게 되는 건가요?" 나는 물었다.

"결핍을 피해 부를 구하는 자는," 그녀가 대답했다, "권력에 대해선 조금도 애쓰지 않고 비천하고 무명(無名) 상태에 있기를 선호(選好)하네. 그래서 그가 획득한 돈을 잃을 수도 있는 경우엔 많은 쾌락들을, 자연적인 쾌락들까지도, 자신에게서 제거하네. 그러나 이런 식으로는 [욕망의] 충족 상태가 성취되지 못하네. 그도 그럴 것이 그는 권력에 의해 내팽개치게 되고, 곤란으로 괴로움을 당하고, 비천함으로 비열하게 되고, 게다가 무명 신세가 되기 때문이네. 이제 권력만을 갈망하는 자는 그의 부를 탕진하고, 쾌락들을 경멸하고, 권력이 없는 모든 명예와 또 영광마저도 가치가 없다고 여기네. 그러나 그대는 그에게도 얼마나 많은 것들이 결핍되어 있는지를 알 수 있네. 그도 그럴 것이 어떤 때 그에게는 필수품들이 결여되는 일이 생긴다네. 그래서 그는 근심들로부터 괴로움을 당하고, 이 근심들을 제거할 수 없기 때문에, 그가 가장 많이 추구했던 것, 즉 힘이 있는 것마저도 잃게 된다네. 우리는 명예들과 영광, 쾌락들에 대해서도 유사한 논거들을 끌어낼 수 있겠네. 그도 그럴 것이 이것들의 각 항목은 본질적으로 여타의 것들과 같은 것이기에, 그것들 중 어느 하나를 여타의 것들로부터 떼어놓고 추구하는 자는 그가 갈망하고 있는 것조차도 손에 넣지 못하게 되는 법이네."

"자, 그렇다면 말이에요." 내가 말했다, "어느 사람이 그것들 모두를 한꺼번에 획득하기를 갈망한다고 가정해 보죠. 그러면 그는 참된 행복의 합계를 갈망하는 것이 되겠죠."

"우리가 확실히 보여준 바, 그는 그것들이 약속하는 것을 부여해 주지 않는 개별 항목들에서 그것을 발견하지 못할 테지, 그렇지 않은가?"

"정말 그러네요," 내가 말했다.

"그러니까 행복은 이 개별 항목들 속에서는 — 그들이 개별적으로는 각기 갈망하는 것을 부여한다고 믿어진다 하더라도 — 어떤 방식으로도 구해질 수 없다는 것이네."

"나는 그것을 시인해요," 내가 말했다, "그리고 그보다 더 진실 된 것은 없는 것 같아요."

"그렇다면 그대는," 그녀가 말했다, "거짓 행복의 형식과 그것의 원인, 두 가지를 알고 있는 것이네. 이제 그대 마음의 시선을 반대 방향으로 돌리게. 왜냐하면 그대는 거기서 곧 — 내가 약속한 바와 같이 — 참된 행복을 보게 될 것이네."

"그것은 이제 어느 장님에게도 정말 명명백백하군요." 내가 말했다, "그대가 [113] 거짓 행복의 원인들을 보여주려고 애쓰고 있던 과정에서 그대는 그것을 내게 방금 보여주었네요. 그도 그럴 것이, 내가 틀리지 않는다면, 충족하고, 권력 있고, 존경 받고, 유명하고, 또 즐겁게 만드는 것은 참되고 완전한 행복이에요. 그리고 그대로 하여금 내가 이것을 내면적으로 이해하

---

113 이 논고의 저자 보에티우스는 여기서 철학의 여인을 'tu 그대'라고 부르고 있음. 그 두 대화자 간에 친밀한 관계가 시사된다고 사료됨.

였다는 사실을 알게 해드리지요, 이 모든 항목들은 같은 것이니까요, 이 항목들 중 어느 하나라도 참되게 제공할 수 있는 것이면, 나는 그것을 완전한 행복이라고 명료하게 인식하고 있어요."

"오, 나의 제자여," 그녀가 말했다, "그대가 이것 하나만 거기에 보탠다면, 나는 그런 견해를 지니고 있는 그대를 행복하다고 불러야 하겠네."

"그것이 무엇인데요?" 나는 물었다.

"그대는 이 필멸의 일시적인 항목들 중에서 이런 종류의 상태를 가져다줄 수 있는 그 무엇이 있다고 생각하는가?"

"아주 확실한 것은 아니죠," 나는 대답했다, "그리고 그것은 그대에 의해 잘 증명이 되었기 때문에 더 이상의 논의는 필요 없죠."

"이러한 항목들은 그러니까 인간들에게 참된 좋음(善)의 이미지(映像)들이나 어떤 불완전한 품목들을 주는 것같이 보이나, 그것들은 참되고 완전한 좋음을 줄 수는 없는 것이네."

"나는 동의해요," 내가 말했다.

"그대가 무엇이 참다운 행복인지 또 무슨 항목들이 가짜인지를 인식하였으니, 그러면 이제 그대에게 남겨진 것은 어디에서부터 그대가 이 참된 행복을 찾아낼 수 있는지를 인식하는 것이네."

"그것은 참으로," 내가 말했다, "내가 오랫동안 희망해왔던 것이에요."

"그런데 말이네," 그녀가 말했다. "나의 플라톤의 견해가 《티마이오스》[114]에 잘 실려 있듯이, 우리가 가장 작은 사항에 있어서도 신의 도움을 간구(懇求)해야 하는데. 저 지고(至高)의 좋음의 거소(居所)를 발견할 자격을 갖추기 위해서 우리는 이제 무엇을 해야 한다고 생각하는가?"

"우리는 만물을 지으신 아버지께 간원해야 하지요," 내가 말했다. "왜 그런가 하면, 그분 없이는 어떤 시작의 토대도 올바르고 온당하게 마련될 수 없으니까요."

"그대 말이 맞네," 하고 그녀는 말했고, 그러고 나서 곧 이와 같이 노래하기 시작했다.

시 IX[115]

오, 영원한 질서 속에서 우주를 통치하시는 당신,[116]
시간을 영원히 흐르도록 명하시는 천지(天地)의 창조자시여,
가만히 계시며 만물에 운동을 허락하시도다.

---

114 《티마이오스 Timaeus》 27 c 를 볼 것. 이 대화편에서 플라톤은 티마이오스라는 현자의 입을 통해 세계와 원소들 또 인생과 인간들에 관해 강론을 펼치게 함.

115 이 송가(頌歌)는 플라톤의 《티마이오스》 27 c – 42D와 그에 대한 신플라톤주의자 프로클로스(Proclus)의 주식에 힘입었다고 사료됨. 특히 'forma 형상'에 대한 생각과 그 넘치는 은혜에 대한 명상(瞑想)은 신플라톤주의와 기독교 신앙의 배합이라고 사료됨.

116 철학의 여인이 창조주를 'tu 그대'라고 칭하고 있지만, 본 번역에서는 '당신'을 선호함.

아낌없이 주려는 당신 안에 있는 그 지고(至高)의

형상(形狀)만이, 외부적 원인들이 없이,

당신의 흐르는 물질 작업[117]을 진행하였도다.

천상(天上)의 견본으로부터 모든 것을 이끌어 내고,

자신이 가장 아름다우면서 아름다운 한 세계를

당신의 닮음 속에서 지으시고, 세계가 완전하고

부분들이 완전하도록 명하신다. 당신은 구성 요소들을

율동의 조화 속에서 이끄시어, 추위가 화염과 함께하고,

건조함이 액체와 화답케 하여, 너무 순수한 불길이

솟구쳐 오르지 못하게 하고, 또는 범람한 땅이

무게로 인해 밑으로 가라앉지 못하게 함이어라.

모든 것을 움직이는 영혼을 세 겹으로 된 자연[118]의 중심에 놓고

그 다음 그것을 조화적인 사지(四肢)에 분배한다.

그 자체에게로 귀환하고자 움직이는 동시에, 저 깊숙한 곳에 있는

정신을 에워싸며, 자신과 유사하게 하늘이 돌게 한다. 다음

당신은 그 같은 기반 위에서 영혼들과 저급 생활들[119]을 그들의

---

117 '만물유전(萬物流轉 panta rei)'의 생각은 동·서를 막론하고 우주에 대한 지배적 사고(思考)인데 우주적 운동에 대해 본 송가에서는 ─ 희랍 제신들의 다소 인색한 측면과 대조를 이루며 ─ 좋음(善)의 방사(放射)가 특징을 이룸.

118 여기서 자연은 정신(mens), 영혼(anima), 물질(materia), 이 세 요소로 구성 되어 있다고 하며, 그 가운데에 영혼이 자리 잡고 있어 그 생명을 유지하고, 다른 생물들에게도 분포되어 운동을 부여한다고 가정됨.

119 원문에 'animas vitasque minores 영혼들과 저급 생활들'. 인간의 영혼들은 사후(死後)에 일단 귀향했다가 다시 환생하게 되는데, 단 지상 생활에서 퇴락한

천상(天上) 신분에 맞는 가벼운 탈것들로 이끌어 나가며,

하늘과 땅에 흩뿌리며, 당신의 자비로운 법칙에 따라 돌아오는

불꽃을 안은 그들이 당신을 바라보며 귀환하게 하시는도다.

아버지시여, 제 마음이 당신의 장엄한 옥좌를 향해 오르도록 허락

하시옵소서.

좋음(善)의 원천을 정관(靜觀)하고 사물을 새롭게 보며 당신께

집중할 수 있도록 제 마음의 눈에 총기(聰氣)를 허락하시옵소서.

이 지구 땅덩어리의 흐릿함과 무거움을 흩어지게 하시고,

당신의 광명(光明) 속에서 빛을 발하시라! 정녕 축복받은

자들에게 당신은 맑은 청랑(晴朗)함이며 안온한 휴식이어라.

당신을 식별(識別)하는 것이 그들의 목표이며, 당신은 언제나

한결같이 시작, 안내자, 선도자, 행로, 목적지이어라.[120]

산문 X

"이제 그대가 불완전하고 완전한 행복의 형태가 무엇인지를 보
았으니까, 우리는 이제 행복의 극치가 어디에 위치해 있는가를

생활을 한 자들은 다음 생에서 짐승으로 환생한다는 시각이 고대 철학에서 유효
했으므로, 위의 구절을 두 종류의 혼들로 파악하는 것이 유효하다고 사료됨. 러브
(Loeb) 고전 시리즈 판의 역자 테스터(S. J. Tester)는 그것을 중언법(hendiadys)
으로 이해하여 'lesser living souls 지상 생활을 잘 끝마치고 귀환하는 영혼들'로
파악하고 있음.

120 《신약 성경》, 〈요한복음〉 14: 6 참조: "예수께서 가라사대 내가 곧 길이요 진
리요 생명이니 나로 말미암지 않고는 아버지께로 올 자가 없느니라."

보여주어야 한다고 생각하네. 그리고 이 점에서, 그대가 이제막 정의(定義)한 것같이, 이런 종류의 어떤 좋음이 세상에 존재할 수 있는지를 먼저 조사해야 한다고 나는 생각하네. 즉 우리가 우리 앞에 놓여 있는 실제의 진실 너머로 가고 있다고 현혹되어서는 안 되니 말이네. 그러나 이것이, 모든 좋은 것들의 일종의 샘인 양, 존재한다는 사실은 부인될 수 없네. 그도 그럴 것이 불완전하다고 불리는 모든 것은, 완전한 것의 어떤 감소로인해, 불완전하다고 간주되기 때문이지. 그런 고로 어떤 부류에서 어떤 것이 불완전하게 보인다면, 그 부류에 또한 어떤 완전한 것이 틀림없이 있는 것이네. 그도 그럴 것이, 우리가 '완전'의 개념을 철저히 걷어치운다면, 불완전하다고 생각되는 것이 어떻게 존재할 수 있는지 상상조차 할 수 없게 되네. 왜 그런가 하면, 우주는 감소된 미완성의 시작들로부터가 아니고 온전하고 완전히 종결된 시작들로부터 그것의 근원을 취했는데, 이제는 마지막 피로한 단계인 우리 세계로 전락하고 있다네.[121] 그러나, 만약 우리가 지금 보여준 것같이, 어떤 무상(無常)한 존재 속에 어떤 불완전한 행복이 깃들여 있다면, 어떤 지속적이고 완전한 행복이 있다는 사실은 의심할 바 없네."

"결론이 아주 굳건하고 참되게 났네요," 내가 말했다.

"이제 그것이 어디에 머물고 있는지를," 그녀가 말했다, "이

---

121 신플라톤주의의 세계관에서 모든 것은 '존재의 지고한 범주 하나'에서 출발했다고 간주함. 프로클로스(Proclus), 《신학의 기본 요소들 Elements of Theology》, 12 참조.

런 방식으로 고려해보게. 만물(萬物)의 원천인 신은 좋음(善)이다라는 사실은 모든 사람들의 마음속에 자리 잡은 상식적 개념에 의해 증명되어 있네. 왜 그런가 하면, 어느 것도 신(神)보다 더 낫다고 감지되지 않는 터에, 무엇보다도 더 나은 그것이 좋다는 것을 누가 의심할 수 있겠는가? 그런데 그처럼 많은 논리가 신이 좋다라는 사실을 증명하고 있기에, 그에 따라 또한 명백히 증명되는 것은 완전한 좋음 또한 그 안에 있다는 것이네. 그도 그럴 것이, 만약 그가 그렇지 않다면, 그는 만물의 원천(源泉)이 될 수 없을 것이네. 왜 그런가 하면, 그보다도 더 월등하고 또한 완전한 좋음을 소유하고 있다고 하면, 그 점에서 보다 이전(以前)이고 보다 고대(古代)적인 어떤 것이 가정(假定)될 수도 있는 것이지. 하기야 모든 완전한 것들은 덜 완전한 것들보다 앞서 있다는 것은 분명해졌으니 말이네. 그러니까 우리의 논의가 밑도 끝도 없이 그러한 와중에 빠지지 않기 위하여, 우리가 인정해야 하는 것은 가장 지고(至高)한 신은 가장 지고하고 완전한 좋음으로 충만해 있다는 것이네. 그런데 우리는 완전한 좋음이 참된 행복이라는 사실을 결정했네. 그러니까 참된 행복은 가장 지고한 신 안에 거(居)해야 하네."

"나는 그것을 받아들여요," 내가 말했다, "하기야 그것은 어떤 식으로도 반박될 수 없으니까요."

"그런데 그대에게 묻고자 하는 것은," 그녀가 말했다, "지고한 좋음으로 충만(充滿) 되어 있는 가장 지고한 신에 관해 우리가 말한 것을 그대가 얼마나 근엄하고 신성하게 시인하고 있는

가이네."

"무슨 뜻인가요?" 나는 물었다.

"만물(萬物)의 아버지, 우리가 동의한 바, 그가 충만 되어 있는 지고의 좋음을 외부로부터 받았다고, 또는 — 마치 그대가 소유된 행복의 실체가 소유자이신 신과 다르다고 생각할 듯하여 — 그런 식으로 자연스럽게 소유하고 있다고 가정(假定)하지 못하게 하려고 해서지.[122] 왜 그런가 하면, 만약 그대가 그것이 외부로부터 받은 것이라고 생각하였다면, 그것을 준 자가 그것을 받은 자보다 더 우월하다고 생각할 수 있을 것이네. 그러나 우리는 아주 정정당당히 고백하건대, 그는 만물 중에서 가장 우월하신 존재이시네. 그러나 만약 행복이 본성[123]에 따라 그의 안에 있다면, 그렇다면, 그것은 본질적으로 다르네, 그럼 다음으로, 우리가 만물의 원천인 신에 관해 말하고 있는 고로, 사고 능력이 있는 그 누구이든지 간에 그로 하여금 이 두 다른 자연 존재들을 결부시킨 것이 누구인지 상상하도록 해보게. 끝으로, 어떤 것이 어떤 것과 다르다면, 그것은 다르다고 이해되는 것과는 같지 않네. 그러니까 본성에 있어 지고의 좋음과 다른 것은 자체가 지고의 좋음이 아니네. 그런 것을 어느 것보다도 더 우월하다고 합의 된 그분에 대해 생각한다는 것은 사악한 것이 될 것이네. 왜 그런가 하면, 그 자신의 원천보다 낮다고

---

122   위의 대화에서 '행복이 신 안에 거한다'는 착상에 대해 그 '행복'은 개별적 항목이 아니라 그 '지고의 좋음'의 속성(屬性)임을 강조하고 있음.

123   본성(φύσις, natura)은 독립된 개체를 상정(想定)함.

할 수 있는 어떤 자연물도 존재할 수 없을 것이므로, 나는 극도 (極度)의 사리(事理)를 밝혀 모든 것들의 원천인 것은 그의 실체에 있어 지고한 좋음이라고 결론짓고자 하네."

"아주 합당하네요," 내가 말했다.

"그런데 우리는 지고의 좋음이 행복이라고 인정하였네."

"그렇군요." 내가 말했다.

"그러니까," 그녀가 말했다, "행복은 그 자체가 신이라는 것이 명백히 인정되어야하네."[124]

"나는요, 그대가 진작부터 제안해 온 것들을 반박할 수도 없거니와," 내가 말했다, "이러한 추론(推論)이 그것들로부터 연유한다는 것을 깨닫겠네요."

"그 같은 것이," 그녀가 말했다, "다음 사실로부터 보다 확고히 증명되는 것이 아닌지 고려해 보게. 즉 두 개의 가장 높은 좋음(善)들은 서로 달리 존재할 수 없다는 것이네. 그도 그럴 것이, 두 개의 좋음(善)들이 서로 다른 때에는, 하나는 다른 하나가 아니라는 것이 명백하지. 그러니까 어느 하나도 완전할 수가 없게 되는데, 그 까닭은 하나는 다른 하나의 무엇을 결여할 테니 말이네. 그런데 명백한 것은 완전하지 않은 어떤 것도 지고(至高)의 것이 아니라는 것이지. 그러니까 지고의 좋음들은 서로 다를 수가 없는 것이네. 그런데 우리는 신과 행복 양자(兩者)가 모두 지고의 좋음이라고 이미 결론을 내렸으니까, 지고의 신성

---

124 철학의 여신이 결론지으려는 것은 '행복'이 '지고의 좋음'과 다른 태생이 아니고, 그 둘은 '신성'의 두 측면이라는 것.

은 필연적으로 지고의 행복이 되는 것이네."

"이것보다 더 순수하게 참된,[125] 보다 확고한 논거를 지닌, 또는 신을 떠받치는 데에 있어 더 가치를 지닌 결론은 이끌어 낼 수가 없는 거죠," 내가 말했다.

"이제 이것들에 추가해서," 그녀가 말했다, "바로 기하학자 들이 그들이 증명한 정리(定理)들로부터 추론(推論 porismata)들이 라고 불리는 것을 이끌어내곤 하듯이, 나 또한 그대에게 일종 의 추론을 주려고 하네. 왜 그런가 하면, 사람들은 행복의 획득 으로 행복하게 만들어지고, 행복 그 자체는 신성(神聖)이니까, 사람들은 신성을 획득함으로 해서 행복하게 만들어 진다는 것 이 명백하네. 그런데 그들이 정의(正義)를 획득함으로 정의롭게 되고, 또는 지혜를 획득함으로 지혜롭게 되듯이, 마찬가지 논 리로, 그들은 신성(神聖)을 획득하였을 때는, 신(神)들이 되어야 하네.[126] 그러니까 모든 행복한 사람은 하나의 '작은 신'이고, 물론 본성(本性)에 의해서는 단 한 분만이 신이시지만 말이네. 그러나 아무것도 최대한 많은 숫자가 그 신성(神聖)에 참여하는 것을 막지 않네."

---

125 원문의 'reapse verius 실제로 더 참되게'에 대해 또 다른 독법은 're ab severius 실제로 더 진지하게'인데, 의미상의 차이는 별로 없음.

126 본문에서 'deī → deos 신들'은 '작은 신' 또는 '신격(神格)'으로 이해될 수 있음. 불교에서도 많은 공덕을 쌓은 신도를 '보살'이라고 부르는 것과도 비교가 됨. 《신약성서》〈베드로 후서〉 1: 4 참조: "이로써 그 보배롭고 지극히 큰 약속을 우리에게 주사 이 약속으로 말미암아 너희로 정욕을 인하여 세상에서 썩어질 것 을 피하여 신(神)의 성품(性品)에 참여하는 자가 되게 하려 하셨으니."

"그것은 하나의 아름답고 또 하나의 귀중한 것이네요," 내가 말했다, "그대가 그것을 하나의 '돈벌이(porisma)'라고 하든지 '꽃다발 선물'이라고[127] 하든지 말이에요."

"그렇다 해도 여기 그것보다도 더 아름다운 것이 하나 있는데, 사리(事理)의 설득에 따르자면, 그것을 우리가 지금껏 말한 것에 추가해야 하네."

"무엇인데요?" 나는 물었다.

"행복은," 그녀가 말했다, "많은 것들을 포함하고 있는 것 같은데, 그것들 모두는, 말하자면 행복의 일체(一體)를 구성하기 위해, 부분들의 어떤 가변성은 지니면서도, 연합하고 있는 것인가, 아니면 그중의 어떤 항목이 있어 행복의 실체를 완전히 만들어 주고 있고 그것에 여타의 것들이 연관되어 있는 것인가?"

"나는 그대가 이것을 좀 더 분명히 해주었으면 해요," 내가 말했다, "항목들 자체를 언급하면서 말이죠."

"자, 우리는 행복이 좋음이라고 생각하네, 그렇지 않은가?"

"참말로 지고의 좋음이죠," 하고 나는 동의했다.

"그대는 그것을 각 항목에 추가해도 되네," 그녀가 말했다. "왜 그런가 하면, 행복은 또한 지고(至高)의 충족, 지고의 권력, 지고의 존경, 또 명성과 쾌락이라고 판단되기 때문이지. 그 다

---

127 보에티우스가 수사학적으로 '정리(定理)들에 뒤따르는 추론(推論)들'을 우아하게 표현한 것. 즉 원문의 'porisma'는 희랍어로 '돈벌이, 수입원'을 뜻하고, 그 다음 단어 'corollarium 화환'은 경기의 우승자에게 주는 선물인데 그것은 자연적 꽃들로 된 또는 금·은으로 세공 된 꽃다발이라고도 하는데, 저자는 추론(推論)들의 이득을 그렇게 호칭한 것임.

음은 무엇인가? 이 모든 것들 — 좋음(善), 충족, 권력 등등 — 은 말하자면 행복이라는 일체(一體)의 구성원들인가, 아니면, 그들 모두는 그들의 우두머리인 좋음에 연관되어 있는 것인가?"

"나는 우리의 조사(調査)를 위해 그대가 제의하고 있는 것을 이해해요," 내가 말했다, "그러나 나는 그대의 결론이 무엇인지 듣기를 갈망해요."

"그러면 우리가 이 문제에 있어 어떻게 식별하는지를 들어 보게. 만약 이 모든 것들이 행복의 부분들이라면, 그들은 서로 서로 다를 것이네, 그도 그럴 것이 이것이 부분들의 본성(本性)이네, 그렇게 다름으로서 그들은 한 몸을 이루고 있으니까. 그러나 이 모든 것들이 다 하나이고 같은 것이라는 것은 증명되었네. 그러니까 그들은 부분들이 아니네. 그렇지 않다면, 행복은 한 부분에 결합된 것으로 보일 것인데, 그럴 수는 없네."

"글쎄요, 그것은 확실히 의심의 여지가 없네요," 내가 말했다, "그러나 나는 그 여타의 논거를 기다리고 있어요."

"다음으로 명백히, 다른 것들은 좋음(善) 즉 좋은 것에 연관되어 있네. 이것이 충족이 추구되는 이유이네. 즉 그것이 좋다고 판단되기 때문이지. 또한 그런 이유로 권력이 추구되는 것이니, 즉 그것 또한 좋다고 판단되기 때문이네. 그리고 존경, 명성, 쾌락에 대해서도 같은 판단이 내려질 수 있는 것이지. 추구되어지는 모든 것들의 합계와 원인은 '좋은 것'이네. 왜 그런가 하면, 실제로 또는 외모(外貌)상으로도 좋은 것을 지니고 있지 않은 것은 어떤 방법으로도 추구될 수 없다네. 그리고 다른 편에서 보면, 본성적으로 좋지 않은 것들도, 그것들이 좋게 보이기만 한다면, 마치 그들이 정말 좋은 것인 양 추구된다네. 이렇기 때문에 모든 추구되는 사물들의 주된 또는 으뜸가는 원인은 '좋은 것'이라는 견해가 옳은 것이네. 이제 어떤 것이 추구되는 원인은 매우 갈망되는 것으로 보여 질 수도 있네. 예컨대 어느 사람이 그의 건강을 위해 승마하기를 원했다면, 그가 그처럼 갈망하는 것은 승마의 운동 그 자체가 아니라 결과로 얻는 그의 건강일 것이네. 따라서, 모든 것들은 좋음(善) 그 자체를 위해 추구되는 것이니까, 모든 사람들은 그런 것들이 아니라 좋은 것 즉 좋음(善) 그 자체를 갈망하는 것이 네.[128] 그러나 우리는 나머지 것들이 갈망되는 원인은 행복이라고 동의했네. 이로부터 그 좋은 것의 실체와 행복의 실체는 하나이고 동일체라는 것이 명백히 드러나네."

"나는 어느 누구도 이의를 제기할 수 없다고 생각해요," 내가 말했다.

"그러나 우리는 신과 참된 행복이 하나이고 동일체임을 보여주었네."

"그랬죠," 내가 말했다.

"그러니까 우리가 안전하게 결론 내려도 되는 것은 신의 실체는 '좋음' 그 자체에 확립되어 있는 것이고 그밖에는 없다는 것이네."

---

128 실용주의적 사고(思考)에 대한 보에티우스의 은연한 비판으로 사료됨.

시 X

그대들 수감자들이여, 모두 다 함께 이리로 오라, 그대들은

땅에 매인 마음들 속에 살고 있는 기만적 욕망에 의해

치욕스러운 사슬에 사로잡혀 있도다. 여기에

조용함과 고요함이 깃들인 항구가 있고, 여기에

불행한 자들을 위한 유일한 피난처가 놓여 있도다.[129]

금모래를 지닌 타구스(Tagus) 강이나 또는

불그스름하게 빛나는 헤르무스(Hermus) 강이[130] 무엇을 내주든지,

또는 인더스(Indus) 강이나 그 옆의 작열하는 지대가

취옥(翠玉)들과 다른 보석들을 뒤섞어 지니고 있다 해도,

그것들은 사람들의 시선을 투명하게 만들지 못할 것이네. 그러나

그것들은 더욱더 사람들의 눈먼 마음들을 그것들의 어둠 속에 묻어

버린다네,

사람들의 마음을 쾌락으로 휘젓는 것이 무엇이건 간에, 그러한 것들을

지구는 가장 깊은 동굴들 속에 귀히 간직했네.

생생한 하늘을 지배하는 저 광명(光明)은

영혼의 폐허와 암울을 기피한다네.

그리고 이 빛을 관찰할 수 있는 사람이라면, 그가 누구이든지 간에,

포이보스의 광선들은 밝지 않다고 말할 것이네.

---

129 〈마태복음〉 11: 28 참조: "수고(受苦)하고 무거운 짐 진 자들아 다 내게로 오라. 내가 너희를 쉬게 하리라."

130 스페인과 포르투갈에 걸쳐 있는 타구스 강과 소아시아 아이올리스(Aeolis)에 위치한 헤르무스 강은 사금(砂金)의 원산지로 로마로 금이 수출되었음.

"나는 동의해요," 내가 말했다, "왜냐하면 모든 것이 아주 공고한 논증으로 잘 결부되어 있으니까요."

그때 그녀가 말했다. "만약 그대가 그 좋음(善) 자체가 무엇인지를 알게 된다면, 그대는 그것을 얼마나 높이 평가할 것인가?"

"무한히 높게요," 나는 대답했다, "그것과 함께 나는 또한 그 좋음(善)이신 신(神)을 알게 될 것이니까요."

"나 또한 그것을 명확히 할 것이네," 그녀가 말했다, "지금까지 막 끌어낸 결론들이 유효하다면, 아주 합당하게 더 논증해서 말이네."

"그것들은 유효할 거예요," 내가 말했다.

"우리는 증명하지 않았던가," 그녀가 말했다, "많은 이들에 의해 추구되는 그런 것들이, 서로 다르다는 이유로 해서, 참되고 완전하지 못하다는 것을 말이네. 각개의 것은 다른 것들을 결여하고 있으니까, 어느 것도 충만하고 절대적인 그 좋음을 부여할 수가 없지. 그런데 그 참된 좋음은, 말하자면, 그것들이 하나의 형상과 잠재성으로 수집되어 있을 때만 산출이 되네. 그래서 그것은 효율적 원인으로서 '충족'인 것을 '권력', '존경', '명성', 또 그와 같은 '쾌락'과 일치하는 것을 만들어 내네. 그러니까 모든 것이 하나이고 같은 것이 되지 않는 한, 우리가 추구하는 것들 가운데에 그들의 삽입을 정당화할 어떤 근거도 없는 것이 아니겠는가?"

"그것은 증명되었어요," 내가 말했다, "그리고 그것은 어떤 방법으로도 의심할 수가 없어요."

"자, 그들이 다르기 때문에 좋지 않다가, 그들이 하나가 되기 시작할 때 좋아지는 그런 것들 말인데, 그들이 좋아지는 일이 생기는 것은 바로 단일성의 획득 때문이 아니겠는가?"

"그렇게 보이네요," 내가 말했다.

"그런데 그대는 좋은 것은 모두 그 좋음(善)에 참여함으로써 좋은 것이라는 지론에 동의하는가? 또는 그렇지 않은가?"

"동의합니다."

"그러면 이제 같은 논거에 의해 그대는 그 '하나'와 그 '좋음'이 같은 것이라는 것에 동의해야 하네. 그도 그럴 것이 그것들은 같은 실체를 지니고 있고, 그것이 낳는 결과는 그들의 본성에 준하여 다르지 않기 때문이네."

"나는 그것을 부인할 수 없네요," 내가 말했다.

"그렇다면 말이네," 그녀가 말했다, "존재하는 모든 것은, 그것이 하나인 한 지속(持續)하고 존속(存續)하며, 그것이 하나이기를 중지하자마자 멸망하고 파괴되어진다는 것을 자네는 알고 있는 것인가?"

"어떻게 그렇게 되는 거죠?"

"예컨대, 생물에 있어," 그녀가 대답했다, "몸과 영혼이 함께 와서 하나로 남아있는 동안은, 그 결과는 한 생물이라고 일컬어지네. 그러나 이 단일성이 그 둘의 분리에 의해 해체되는 때에는, 명백히 그것은 멸망하고 더 이상 한 생물이 아니네. 그리고 신체 그 자체는, 사지들이 결부 되어 있을 때에만, 한 형상으로 남아, 한 인간 형체로 보이는 것이네. 그러나 만약 부분들이 분리되고 흩어져서 신체의 단일성을 분열시킨다면, 그것은 이미 과거 형태가 아니네. 마찬가지로, 다른 예들을 살펴보면, 각 존재는 그것이 하나인 동안 존속하지만, 그것이 하나이기를 중지하는 때엔 멸망한다는 것은 의심할 여지없이 명백할 것이네."

"만약 내가 더 많은 것들을 고려한다면," 내가 말했다, "그것은 조금도 달라 보이지 않네요."

"그럼," 그녀가 물었다, "어떤 개별 존재가 본성적으로 행동하는 한, 존속하려는 욕구를 포기하고 부패와 멸망에 이르기를 갈망하는 그런 경우가 있겠는가?"

나는 말했다, "만약 내가 저 생물들을 바라보면, 그것들은 무엇을 원하거나 원치 않는 어떤 자연적 능력을 지니고 있기에, 그들이 변화되지 않는 상태에서 머무르고자 하는 노력을 던져버리고 그것들 자신의 자유 의지로 그것들의 멸망을 향해 치닫고자 할 하등의 이유도 없다고 (당연히) 생각해요. 그것들에게 강요하는 외부세력이 있다면, 그건 별문제이죠. 정녕 모든 생물은 그 자체의 신체적 복지를 보호하려고 노력하는 반면, 죽음이라든가 신체적 해체는 회피하죠."

"그러나 그대가 먼저 초목들과 나무들이 적당한 장소에서 자란다는 것을 감지하고 나면, 그것들의 경우에도 의문을 품을 것이 하나도 없네. 거기서 그것들의 천성이 허락하는 한, 그것들은 빨리 시들어버리고 멸망하는 것을 피할 수가 있으니까.

그도 그럴 것이 어떤 것들은 들판에서, 또 어떤 것들은 산들에서 솟아오르네. 또 다른 것들은 늪지가 자라게 하거나, 또 어떤 것들은 돌들에 매달려 사네. 다른 한편에서는 불모의 모래들이 어떤 식물들을 솟아나게 하는데, 그것들을 누군가가 다른 장소에 옮겨 심으면, 그것들은 시들어 버리고 말 걸세. 그러나 자연은 각 자연 존재에게 그것에 합당한 것을 부여하고 그것들이 지속할 수 있는 동안 그것들의 사멸을 방지하기 위해 애쓴다네. 그대는 그것들 모두가, 말하자면, 그것들의 입을 땅에 박고 그것들의 뿌리를 통해 영양분을 빨아올리고 그 힘을 그것들의 수(髓)와 껍질을 통해 방산(放散)하고 있는 것을 주의해 보지 않았는가? 그대는 수와 같은 가장 부드러운 모든 것은 언제나 내부에 감추어져 있고, 밖으로는 어떤 단단한 목질(木質)로 덮여 있고, 끝으로 나무껍질은 기후의 냉혹함에 대한 방어벽으로 또한 어떤 학대를 견디어 내기 위하여 만들어져 있다는 것을 주목해 보았는가? 다시 한 번 말하건대, 모든 것이 씨앗의 배가(倍加)로 인해 번식되어지게 하는 자연의 배려는 참으로 얼마나 위대한가! 그것들 모두가 어느 기간 동안 지속하기 위해서뿐만이 아니라 대대손손이 영속(永續)하도록 마련된 일종의 기계 장치인 것을 누군들 모르겠나?[131] 그리고 생명이 없다고 믿어지는 그 모든 것들도 유사한 방식으로 각기 자기에게 알맞은 것

---

131 여기서는 기계론적인 세계관이 엿보임. 원문에 'veluti quasdam machinas 마치 어떤 기계들처럼', 기독교적 목적론(teleology)과 대비 되는바, 보에티우스의 자연과학자적 관찰이라고 사료됨.

을 갈망하고 있는 것이 아닌가? 그도 그럴 것이 그렇지 않고서야 왜 화염들을 가벼움이 위로 이끌어가고, 또는 땅을 무게가 아래로 끌어 잡아당기겠는가? 즉 이러한 방향들과 운동들이 각자에게 합당하기 때문이지. 그리고 더 나아가서, 각 개별적 존재물은 그것에 적합한 어떤 것에 의해 존재가 유지되고, 그 것에 적대적 요소들은 그것을 파괴하는 것이네. 다시 한 번 더 말하는데, 돌같이 단단한 그런 것들은 자신들의 부분들에 아주 강인하게 들러붙어서 손쉬운 해체에 저항하네. 그러나 공기나 물처럼 흐르는 것들은 정말 쉽게 자신들을 가르는 힘들에 굴복하지만, 그렇게 갈라진 부분들은 순식간에 다시 하나가 되어 함께 흐른다네. 반면, 불은 모든 분리에 저항하네.

그런데 이제 우리는 의식적 영혼의 자의적 운동들을 다루고 있는 것이 아니라, 의식적 생각 없이 섭취한 음식을 소화할 때나, 또는 잠을 자면서 의식함이 없이 숨을 쉬는 때처럼, 자연의 분발(奮發)을 다루고 있는 것이네. 왜 그런가 하면, 생물에 있어서도 생존의 애착은 영혼의 의지적 행위들에서가 아니고 자연의 원리들에서 진행되는 것이네. 왜 그런가 하면, 자주 어떤 다급한 이유들로 인해 의지는 자연이 두려워 하고 피하는 죽음을 포용할 때가 있거든, 그 반면에 자연은 언제나 갈망하는데도, 의지(意志)는 가끔 필멸(必滅)적 생물들의 영속(永續)을 유일하게 보장하는 생식 행위를 억제한다네. 그러니까 그 범위내에서 이 자기애(自己愛)는 그[생물]의 활성적 영혼의 운동에서 비롯되는 것이 아니고, 그의 자연적 추구에서 파생되는 것이네. 왜냐하면 섭리는 그의 피조물들에게 지속의 가장 중요한 원인을 부여하여, 그들이 할 수 있는 한, 지속하기를 갈망하게 하려 함이네. 따라서, 존재하는 모든 것들은 그들 자신의 생존의 지속을 본성적으로 추구함으로써 파멸을 피한다는 사실을 어떤 방식으로도 의심하게 할 수 없다는 것이네."

나는 말했다, "나는 그대가 한 말에 동의해요. 이제 나는 한 점의 의혹도 없이 내게 그처럼 오랫동안 불확실하게 보였던 것이 환히 보여요."

"이제" 그녀가 말했다, "존속하며 지속하기를 추구하는 것은 하나가 되기를 갈망하는 것이네. 그도 그럴 것이, 만약 이 하나임을 파괴된다면, 계속되어지는 존재까지도 무위(無爲)로 끝날 걸세."

"참된 말이네요," 내가 말했다.

"그러니까 만물(萬物)은 하나로 있음을 갈망하네," 그녀가 말했다. 나는 동의하였다.

"그런데 우리는 하나가 바로 그 좋음(善)과 동일체라는 것을 보여주었네."

"그렇습니다."

"그러니까 모든 것들은 그 좋음(善)을 구하고 있는데, 그것을 그대는 참말로 다음과 같이 기술해도 되네. 그 좋음은 모든 것들에 의해 갈망되는 것이다."

"그보다 더 참된 개념은 품을 수가 없네요," 내가 말했다. "왜 그런가 하면, 모든 것들이 하나와 연관지어 이해되지 않으면, 말하자면, 어느 하나를 머리로 삼음이 없이 방치되어 방향이 없이 이리저리 떠돌아다니는 것이에요, 혹은 만약 어떤 것을 향해 모든 것이 재빨리 움직여 나가고 있다면, 그것이 모든 것의 지고의 좋음이 될 것이에요."

거기에 그녀가 말했다. "사랑하는 제자여, 나는 이렇게 기쁠 수가 없다네. 그대는 바로 진리의 중심에 있는 안표(眼標)를 그대의 마음속에 고정시켰네. 그런데 그대가 알지 못한다고 조금 전에 말했던 것이 이제는 그대에게 명백하게 된 것이네."

"무엇인데요?" 내가 물었다.

"모든 것의 끝이 무엇인가 하는 것이었지," 하고 그녀는 답했다. "그도 그럴 것이 모든 이들에 의해 갈망되고 있는 그것은 확실히 이 끝이네. 그리고 우리는 그것이 좋음(善)이라고 합의하였기 때문에, 우리는 또한 그 좋음이 모든 것의 목적이라는 것을 인정해야 하네."[132]

시 XI

깊은 생각을 가지고 진리를 탐구하고 또
바르지 못한 길들로 잘못 빠지기를 원치 않는 그 누구든지
그의 내면적 시력의 빛을 그 자신에게로 돌려야 하고,

---

[132] 원문에 'finis 끝'이라고 되어 있는데, 그 내포적 의미로는 '목적'이 되고 그 개념은 희랍어 'telos, 끝, 목적'에 상응하는 라틴어라는 점에서, 철학의 여신은 목적론(teleology)을 시사하고 있다고 사료됨.

그의 널리 퍼진 생각들을 회전하여 귀환하게 하고,

그의 마음을 잘 다듬어서 그것이 외부에서 애써 구하려는 것을

돌이켜 그것의 내면적 보고(寶庫)에서 파악하도록 해야 하네.

최근 잘못의 검은 구름에 뒤덮였던 것은, 그리하여,

포이보스 그 자신보다도 더 명료하게 빛날 것이네.

정녕 터무니없는 망각으로 마음을 짓누르는 육체는

모든 빛을 제거하지 않았네.

실제로 내면에 진리의 씨앗이 붙어 있어, 그것은

배움의 미풍(微風)에 의해 소생(蘇生) 된다네.

그대들 마음 저 깊은 곳에 그 여신(餘燼)이 살아있는 것이 아니라면,

그대들은 어떻게 해서 질문을 받고는 곧 판단을 내리는 것인가?

만약 플라톤의 뮤사이 여신의 말이 옳게 들린다면,

각 사람이 배우는 것은 망각 속에서 기억해 내는 것이네.[133]

산문 XII

그때 내가 말했다. "나는 전적으로 플라톤에 동의해요. 그대가 내게 이것들을 생각나게 한 것은 이번이 두 번째예요. 첫 번째는 몸이 기억력을 감염시켜 내가 기억을 잃은 후였죠. 그리고 두 번째는 비통의 무게에 억눌려 있을 때였죠."

---

133 플라톤의 '회상 anamnesis'의 신조(信條)에 따르면, '모든 지식은 회상의 과정을 통해 습득된다는 것이다' 이에 대해 《메논 Menon》, 81—86 참조.

"만약 그대가 우리가 지금까지 인정한 것들을 성찰해 본다면," 그녀는 그때 말했다, "그대가 최근에 알지 못한다고 고백한 것까지도 기억하는 것이 그리 어렵지 않을 것이네."

"무엇을요?" 나는 물었다.

"어떤 통치에 의해 우주가 지배되고 있는지 말이네," 그녀가 대답했다.

"나는 기억하고 있어요," 내가 말했다, "나는 무식을 고백했죠, 그러나 그대가 이제 비추는 것을 멀리서 힐끗 볼 수 있지만, 나는 그대로부터 보다 명확히 그것에 대해 듣기를 갈망해요."

"조금 전에 말이네," 그녀가 말했다, "이 우주가 신에 의해 지배되고 있다는 것은 의심의 여지가 전혀 없다고 생각했지."

"그것이 의심할 여지가 있다고는 지금도," 내가 말했다, "또 앞으로도 생각하지 않을 거예요, 그리고 나는 내가 어떤 논거(論據)들을 가지고 이런 입장을 취하게 되었는지를 간략히 서술할 거예요. 이 우주는 그처럼 상이하고 대립적인 요소들로 구성되어 있기 때문에, 그런 여러 상이한 요소들을 함께 묶어 줄 어느 한 분이 있지 않다면, 그것은 결코 한 형상으로 합치되지 못했을 거예요. 그리고 서로 불협화의 측면을 지닌 자연 존재들의 가지각색의 합치된 다양성은, 그것들을 연결했고 이제 그것들을 함께 유지하고 있는 그 한 분이 안 계시다면, 쪼개어지고 와르르 무너져 내릴 거예요. 다시 말해서, 자신은 지속하면서 이 가지각색의 변화들을 배치하고 명(命)한 그 한 분이 없다면 말이에요, 자연의 그런 확실한 질서는 계속되지 못할 것이고, 또한 사물들은 장소와 타이밍에 있어, 그들의 영향들, 그들의 공간들과 질(質)들에 있어, 그렇게 잘 정리된 운동들을 펼쳐 나가지 못할 거예요. 그리고 창조된 만물이 계속 존재하고 움직이게 하는 것이 그 무엇이든, 나는 그것을 만인이 사용하는 명칭인 '신(神)'이라고 불러요."

그때 그녀가 말했다. "그대가 그렇게 느끼고 있으니, 내게 남겨진 일을 조금만 더 하면, 그대가 안전하고 행복하게 그대의 고향에 귀환할 길이 열릴 것이네. 그러나 우리가 펼쳐 놓은 논거들을 살펴보기로 하세. 우리는 충족을 행복 아래 포함시키고 신이 행복 그 자체라고 인정하지 않았던가?"

"참말 그래요."

"그러니까," 그녀가 말했다, "그는 이 우주를 지배함에 있어 어떤 외부의 도움도 필요로 하지 않네. 그렇지 않고, 그가 어떤 것을 필요로 한다면, 그는 완전한 충족을 지니지 못할 것이네."

"그건 필연적으로 그렇게 되죠," 내가 말했다.

"그러니까 그만이 혼자서 만물을 처리하는 것인가?"

"그것은요," 내가 말했다, "부인될 수 없어요."

"그리고 신은 그 좋음(善) 자체라고 증명했지."

"내 기억도 그러네요," 내가 말했다.

"그는 만물을 혼자서 다스리니까, 그는 만물을 좋음(善)으로써 처리하는 거네, 그리고 우리는 그가 좋음이라는 사실에 합의하였네. 그리고 이것은 우주의 조직이 안정되고 해를 입음이 없이 보전(保全)되게 하는 조타 장치나 키의 손잡이 같은 것이네."

"아주 빈약한지는 몰라도, 그대가 그렇게 말하리라고 이제 막 예견했었어요."

"나는 그렇다고 믿네," 그녀가 말했다, "그대는 이제, 보아하니, 그대의 시선을 보다 주의 깊게 진리를 식별하기 위해 집중하고 있네. 그러나 내가 이제 말하려는 것도 마찬가지로 그대의 눈앞에 명백하게 펼쳐져 있네."

"그것이 무엇인데요?" 나는 물었다.

"신이 모든 것들을 좋음(善)이라는 조타(操舵)로," 그녀가 대답했다, "지배하고 있다고 올바로 믿어지고 있네, 또 이 모든 것들이, 내가 그대에게 가르친 바와 같이, 그것들 자신의 분발로 그 좋음을 향해 급히 움직이고 있는 이상, 그것들은 자의(自意)에 의해 통치되고 — 마치 체질적으로 그들의 통치자에 부응하는 듯 — 그것들 자신의 합의하에 처분자의 명령에 귀를 기우리고 있다는 것을 의심할 수가 있겠는가?"

"그렇게 되어 있는 것이 틀림없어요," 내가 말했다, "그렇지 않다면, 그의 통치는, 기꺼이 부응하는 피지배자들의 보존이 아니고 마치 강제로 그들의 목에 씌운 굴레인 양, 행복하게 보이질 않을 거예요."

"그러니까 그 어느 것도," 그녀가 말했다, "본성을 참되게 유지하면서, 신의 뜻에 거슬려 행동할 수 있는 것은 아무것도 없겠지?"

"그런 것은 없어요," 내가 말했다.

"그러나 어떤 것이든 그렇게 하려고 한다면," 그녀가 말했다. "우리가 공정하게 동의한 바, 참된 행복의 원리에 의해, 가장 힘이 있는 그에게 대항하여 어떤 것을 성취할 것인가?"

"확실히 그것은 어떤 것도 성취할 수 없을 거예요," 내가 말했다.

"그러니까 이것 즉 그 지고(至高)의 좋음에 대항하려고 하거나 또는 그럴 수 있을 것은 없다는 말이지?"

"나는 없다고 생각해요," 하고 말했다.

"그러니까 그 지고의 좋음은," 그녀가 말했다, "모든 것들을 확고히 지배하고 감미롭게 처분하는 것이네."[134]

"그대의 논거들의 합계인 결론뿐만이 아니라, 그보다도 더 그대가 사용하는 바로 그 어휘들이 나를 얼마나 기쁘게 하는지 모르겠네요, 그러니까 이제 아주 오랜만에 나를 그처럼 잔인하게 괴롭혔던 우매(愚昧)함에 수치심을 느껴요."

그녀가 말했다, "그대는 하늘을 공격하는 저 거인들에 관한 신화들을 익히 들어왔네. 그런데 그들을 그들에게 합당한 고유한 장소에 있게 한 것은 한 너그러운 권세였지. 그러나 그대는 논쟁들이 서로 맞부딪히는 것을 보기를 원하나? 아마도 그런 충돌로부터 어떤 아름다운 진리의 불똥이 튀어나올 수도 있는 것이네."

---

134 The Jerusalem Bible, Wisdom 8: 1 참조: "She(Wisdom) deploys her strength from one end of the earth to the other, ordering all things for good. 지혜의 여신은, 만물을 좋음(善)을 위해 배열하면서, 그녀의 힘을 지구의 한 끝에서부터 다른 끝까지 펼친다."

"그대가 원하는 대로요," 내가 말했다.

"아무도 의심하지 않겠지," 그녀가 말했다, "신(神)은 만물을 지배하는 권력을 지니고 있다는 사실 말이네."

"정말 아무도 없지요," 내가 말했다, "제정신이 있는 어느 사람도 그것을 감히 의심할 수가 없겠죠."

"그런데 말이네," 그녀가 말했다, "모든 것을 지배하는 권력을 지닌 그가 할 수 없는 것은 하나도 없거든."

"하나도 없죠," 내가 말했다.

"그런데 말이네, 신은 악을 행할 수가 없지, 할 수 있을까?" 그녀가 물었다.

"전혀 그렇게 할 수가 없죠," 내가 말했다.

"그가 할 수 없는 것은 없고, 그가 그것을 할 수 없기에, 악은, 그렇다면, 아무것도 아니네." 그녀가 말했다.

"그대는 나와 말장난을 하고 있는 것인가요?" 내가 말했다, "그대는 논거들로 헤쳐 나갈 수 없는 하나의 미궁을 뜨고 있어요. 그도 그럴 것이, 한때 그대는 들어갔다가 나오고 있는가 하면, 다른 때는 들어간 곳에서 다시 나오고 있지 않은가요? 혹은 그대는 말하자면 신(神)의 단일성으로 된 어떤 원(圓)을 뜨고 있는 겁니까? 조금 전에 그대는, 화두(話頭)를 행복으로 시작하면서, 그것이 그 지고의 좋음이라고 말했고, 또 그것이 그 지고의 신(神) 속에 위치해 있다고 말했어요. 그렇게 해서 그대는 신 자체가 지고의 좋음이며 동시에 완전한 행복이라는 논거를 폈어요.[135] 거기서부터 그대는 나에게 작은 선물로 이 결론을 주었어요. 아무도 그 자신 또한 하나의 작은 신(神)이 되지 않고는 행복해질 수 없다고요. 다시 말해서, 그대는 신과 행복의 실체라고 하는 그 좋음(善)의 동일 형식에 관해 말했고, 더 나아가서 그대는 내게 가르쳐 주시기를, 단일함 그 자체가 좋음과 같은 것이고, 온 자연계가 그것을 추구하고 있다고요. 그 다음 그대는 또한 논하기를 신(神)은 그 전체를 좋음(善)이라는 조타(操舵)로 지배하고 있고, 만물은 거기에 기꺼이 복종하고 있는 것이며, 또 악(惡)은 진정한 실체를 지니고 있지 않다고 했어요. 그리고 그대는 이러한 논거들을 어떤 외부 출처로부터[136] 끌어들임이 없이 우리의 내면에 속하며 우리의 영역인 철학에 본래적으로 해당되는, 상호 보안 관계 속에서 타당성을 지니는, 증명들로써 정리해 나갔죠."

그때 그녀는 말했다. "우리는 조금도 어떤 놀이를 하는 것이 아니고, 우리가 시초(始初)에 간구(懇求)하였던바 신(神)의 도움으로 모든 사안(事案)들 중에서 가장 중요한 것을 검토하였던 것이네. 그도 그럴 것이, 신성한 실체의 형식은 그러하기에 그것은 외부적 사물들 속으로 빠져 들어가지도 않고 또는 어떤 외부적인 것을 자체 속으로 받아들이지도 않네, 파르메니데스(Parmenides)가 그것에 관해[137] 말했듯이,

---

135 삼단 논법적 구조: A는 B요, B는 C요, 고(故)로 A는 C요.

136 예컨대 성경의 '묵시록'을 생각해 볼 수 있겠음.

137 딜스(Hermann Diels), 《소크라테스 이전 철학자들의 단편들 Die

모든 면에서 둥글게 잘 다듬어진 구체(球體)인 양,

그 자체는 움직임이 없이 우주의 운행을 회전시키고 있는 것이네. 그러나 우리가 외부에서 구해오지 않고 우리가 활동했던 영역의 테두리 내에서 구축한 논거들을 진척시켰다면, 그대가 이상히 여길 이유는 없네. 그도 그럴 것이, 그대는 플라톤의 권위 아래서 언어는 논의되고 있는 주제(主題)들과 밀접한 연관성을 지녀야 한다는 것을 배웠기 때문이네.[138]"

시 XII

좋음(善)의 맑은 원천을 응시하였던
사람은 행복했어라.
무거운 땅의 사슬들을 끊을 수 있었던
사람은 행복했어라.
옛적에 저 트라키아의 시인은 아내의
슬픈 죽음을 애도했어라.[139]

Fragmente der Vorsokratiker》8, 43.

138 플라톤,《티마이오스 Timaios》29 B.

139 유명한 오르페우스(Orpheus)와 에우리디케(Euridice)의 이야기. 보에티우스의 원천으로는 베르길리우스(Vergilius)의《농원시들 Georgika》, 4 · 453 이하. 오비디우스(Ovidius)의《변신들 Metamorphoses》10. 1이하 참조.

전에 그의 슬피 우는 가락들로

숲들을 재치 있게 움직이게 했고

강물들이 멈추어 서게 했고,

그리하여 두려움을 모르는 암사슴의 옆구리가

사나운 사자들 옆에 누워 있었어라,

또한 그의 노래로 유순하게 된 사냥개를

토끼는 겁 없이 바라보았어라.

하지만 비통함의 불길이 더 격렬하고 뜨겁게

그의 속마음을 불태우고 있었을 때,

그 밖의 모든 것을 누그러뜨렸던 가락들은

그들의 주인을 진정시키지 않았어라.

천상(天上)의 냉혹한 신들에 관해 불평하면서

지하의 대청에 접근했어라.

거기서 울림이 좋은 칠현금에

부드러운 노래들이 감미롭게 흘러나갔고,

그의 여신(女神) 어머니의[140] 고귀한 현(絃)들은

그의 애절함을 고무했고 거기에 슬픔을 배가(倍加)하는 사랑이

그의 비가(悲歌)에 깃들여 있었어라. 그는 테나루스의 마음들을 감동시키고,[141]

---

140 오르페우스의 어머니는 뮤사이 신들의 으뜸인 칼리오페(Calliope)로서 그녀의 칠현금 현들은 명성이 있었음.

141 타이나루스(Taenarus)는 마타판(Matapan) 곶에 위치해 있고 하데스(Hades 지옥)에 들어가는 입구들 중의 하나였음.

또 감미로운 기도로써

하데스 음지(陰地)들의 수장(守長)들로부터 용서를 구한다.

그의 야릇한 노래에 감응되어 문지기

머리 셋 달린 케르베로스는 멍하니 서있도다.

죄지은 자들을 두려움에 떨게 하는,

인간의 범죄들에 대한 복수의 여신들은

이제 눈물에 젖어 애상(哀傷)에 잠겨 있네.

익시온의[142] 빠른 바퀴는

그의 머리를 이제는 더 돌리지 않네,

그리고 오랜 갈증으로 시달려 온 탄탈로스는

물에 허리를 굽히기를 마다하네.

오르페우스의 가락들을 만끽한 독수리는

티튀오스의 간을 쪼아 먹기를 중지하네.

드디어 '우리는 압도되었네,' 하고 황천의

통치자는 동정(同情)에 휘말리어 말한다.

'우리는 남편인 이 남자에게 그의 노래로 산

그의 아내가 그와 동행할 것을 허가한다.

---

142 익시온(Ixion)은 유피테르의 아내 유노(Juno)를 겁탈하려고 시도했기 때문에 돌고 있는 한 바퀴에 매달려 있도록 벌을 받았고, 탄탈로스(Tantalus)는 신들의 비밀들을 누설한 죄로 과일나무 아래서 목까지 차는 물속에 있도록 벌을 받아, 목이 말라 물을 마시거나 과일을 따먹으려 하면, 그것은 뒤로 물러나 버렸음. 티튀오스(Tityus)는 아폴론(Apollon)의 어머니 레토(Leto)를 겁탈하려 한 죄로 황천의 넓은 땅에 묶여서 독수리들에 의해 끊임없이 그의 간을 쪼였는데, 고대인들의 견해로는 간이 성욕이 발생하는 신체 부위였음.

하지만 우리의 법은 그 선물에 제한을 두게 하니,

즉 그가 지하 세계를 떠나고 있는 동안엔

그는 그의 시선을 돌려서는 안 될 것이니라.'

누가 연인들에게 법들을 줄 수 있단 말인가?

사랑은 그 자체를 지키는 더 큰 법이어라.

슬프도다! 어둠의 경계(境界)에 거의 도달하여

오르페우스는 그의 에우리디케를

보았고, 잃었고, 죽였다.[143]

이 이야기는 저 위의 광명의 세계로

그대들의 마음을 인도하려고 하는

그대들을 겨냥하고 있는 것이네.

정녕 어려움에 정복(征服)되어 그의 시선을

저 타르타로스 동굴로 되돌리는 자는

어떠한 우수성을 그가 지니고 있다 해도, 그것을

그는, 저 밑에 있는 것들을 뒤돌아볼 때, 잃어버리는 것이네.

---

143 원문의 'Vidit, perdidit, occidit'는 접속사 생략(asyndeton)의 강조(强調)
적 표현. 갈리아(Gallia) 전쟁에 대해 카이사르가 한 명언 참조: "Veni, vidi, vici
(나는) 왔노라, 보았노라, 이겼노라."

철학의 위안

제3권이 끝나고
제4권이 시작된다

산문 I

철학의 여신이 근엄한 용모와 표정을 유지하면서 이 시구(詩句)들을 부드럽고 감미롭게 읊조리기를 끝마쳤을 때, 내 마음속에 있는 비통함을 아직 완전히 잊지 않았기에, 그녀가 무슨 말을 더하려고 하는 듯이 보여, 나는 그녀의 말을 가로채며 이렇게 말했다. "참된 빛으로 가는 길로 이끌어 주시는 그대, 숙녀분이시여, 그대의 연설이 지금까지 내 마음속에 쏟아 부은 것은, 그 자체로 숙고해 볼 때, 명백히 신성하였고 또 그대의 논거들로 인해 불가항력적이었어요. 그리고 그대는 내게, 내가 받은 상처들의 고통 때문에 근래에 잊어버리긴 했어도, 전에는 전적으로 모르고 있지 않았던 사항들을 얘기해 주었어요. 그러나 나의 비통함의 가장 큰 원인은 바로 이것이에요, 즉, 우주의 선한 통치자가 [엄연히] 있는데도, 악이 여전히 존재하고 벌도 받지 않고 그냥 넘어갈 수 있다는 것이에요. 그래서 나는 이제 그대가 이 사실 하나만으로도 정말 얼마나 놀라운 일이 야기되고 있는지를 한번 고려해주었으면 하고 간절히 청하는 거예요. 그리고 여기에 더 심각한 사항이 추가되는데요. 왜 그런가 하면, 사악함이 번성하고 사태를 장악하고 있을 때, 덕은 보상 받기는 고사하고, 내팽개쳐져 악인들의 발에 짓밟히고 악 대신에 벌금을 물기 때문이죠. 이러한 일이 모든 것을 주지(周知)하시고 전능하신, 다만 좋음(善)만을 추구하시는 신(神)의 왕국에서 일어나야 한다는 것은 이상하기가 짝이 없고 끝없이 불평할 만한 사항이에요."[144]

그때 그녀가 대답했다. "만약, 그대가 생각하듯이, 말하자면 그처럼 위대한 주인의 지극히 잘 정리된 가정(家庭)에서 값진 그릇들이 더럽혀지도록 내버려두고 가치 없는 그릇들은 애지중지 되는 것이라면,[145] 그 상황은 참말로 어떤 악한 징조들보다도 더 소름끼치는, 그야말로 이상하기 짝이 없는 사태가 될 것이네. 그러나 사실은 그렇지가 않네. 만약 우리가 이제 방금 도달한 결론들이 보존되고 전복되지 않는다면, 우리가 지금 말하고 있는 왕국을 지니신 그 같은 신의 도움으로 그대는 선한 이들이 언제나 힘이 있는 반면 악한 이들은 언제나 비열하고 약

---

144 이 발언의 강력한 문제 제기로 이전까지의 논의들은 서론에 불과하고, 이제부터 본론이 시작된다고 사료됨.

145 참조 〈디모데후서〉 2: 20 : "큰 집에는 금과 은의 그릇이 있을 뿐 아니요, 나무와 질그릇도 있어 귀히 쓰는 것도 있고 천히 쓰는 것도 있나니."

하다는 사실을 터득하게 될 것이네. 그렇게 해서 악들은 결코 벌을 피하지 못하고, 덕들은 반드시 보상을 받게 된다는 것이네. 또한 성공은 선인들을, 불행은 악인들을 기다리고 있다는 것과 이런 식의 많은 것들은 그대의 불평들을 잠재우고 그대를 확고하고 공고하게 강화(强化)할 것이라는 것을 터득하게 될 것이네. 그리고 내가 그대에게 이제 진정한 축복받음의 형식을 보여주었고, 그대 또한 그것을 보았고 또 그것이 어디에 위치해 있는지를 인식하였기 때문에, 먼저 내가 필요하다고 생각하는 예비 단계를 우리가 거치고 났을 때, 나는 그대에게 그대를 집에다 다시 인도해줄 길을 보여 줄 것이네. 그리고 나는 그대의 마음에 날개들을 붙여 줄 테고, 그로써 그대는 높이 떠오를 것이며, 그렇게 해서 그대는 모든 교란을 불식(拂拭)하고 나의 지도(指導)하에 나의 길을 따라 나의 수레를 타고 그대의 고향으로 안전하게 돌아가게 되네."

시 |

정녕 나는 하늘 높은 곳들까지 오를 수 있는
재빨리 나는 날개를 지니고 있네.
그대의 빠른 마음이 그것들을 달았을 때,
그것은 미운 땅을 아래로 내려다보고,

측량할 길 없는 공중[146] 너머로 지나가고,

구름들을 뒤돌아보고는 상층 대기권의 재빠른 운동으로

불타고 있는 화염의 가장 높은 지점 너머로 오르네.

드디어 그것은 별들의 집들에까지 오르며

포이보스로 가는 길로 합세하거나

또는 빛나는 별과 이웃하는 차가운 늙은 신과

함께 그 길을 따라가거나,

혹은 반짝이는 밤이 흩어져 있는 곳에서

회전하는 별들과 함께 돌겠네.

그 다음 그것이 지금까지 성취한 모든 것에 만족하여

가장 바깥의 축을 떠나 이제

장엄한 빛에 숙달하며

빠른 상층권 대기(大氣)의 외부에 서있네.

여기서 왕들의 군주는 그의 왕홀을 쥐고서

세계의 고삐를 조절하고, 자신은 움직이지

않으면서도 빠른 마차를 지도한다네.

우주의 그 빛나는 주인이로소이다.

만약 그 길이 그대를 데려다 주어, 이곳으로 되돌아오는 것이라면,

그대가 찾는 이곳에서, 망각에 사로잡히면서도,

"이곳을," 그대는 말할 것이네, "나는 기억해요, 나의 고향땅이에요,

여기서 나는 태어났고, 여기서 나는 발걸음을 멈출 거예요."

---

146 '마음'의 여행은 'aer 공중'을 통과하여 'aether 상층 대기권'을 넘어가는 것임.

그러나 만약 그대가 떠난 지구의 밤을

그대가 내려다보길 원한다면,

비참한 사람들이 사납다고 무서워하는 저 폭군들을

그대는 유배(流配) 온 자들로 보게 될 것이네.

산문 II

그때 나는 찬탄하였다, "훌륭하네요! 그대는 참으로 근사한 것들을 내게 약속하고 있군요! 또 나는 그대가 그런 것들을 할 수 있다는 것을 의심하지 않아요. 하지만 그대가 나를 분기(奮起)시켰으니 나를 억제하지 말아요!"

"그럼 첫 번째로," 그녀가 말했다, "선한 사람들은 언제나 힘이 있고, 악한 사람들은 그들의 힘을 빼앗기고 있다는 것을 그대가 배워 놓아도 좋겠는데, 참말로 그 하나를 알면 둘을 알게 되기 때문이네. 왜 그런가 하면, 선과 악은 상반된 것들이니까, 선이 힘이 있다는 것이 입증되면, 악의 약함은 명백해지네. 또 악의 나약함이 명백하면, 선의 힘은 알려지게 되지. 그러나 나는 내 견해의 신빙성이 더욱 커지도록, 나의 제안들을 확고히 하기 위해 두 개의 길을 따라, 어떤 때는 이편으로부터, 또 어떤 때는 저편으로부터 진행할 것이네.

내개 인간 행동들의 결과를 성취시키는 두 요소(要素)가 있는데, 바로 의지와 능력이네. 둘 중 어느 하나가 결여되어 있으면, 완성될 수 있는 것은 없네. 그도 그럴 것이 의지가 결여되어 있는 경우엔, 그 누구도 무엇을 시작조차도 해볼 수 없네, 그건 그가 그렇게 할 의향이 없기 때문이지. 그러나 능력이 결여되어 있다고 한다면, 의지는 좌절되고 말 걸세. 이런 연유에서 만약 그대가 어떤 사람이 실제로 획득하지 못한 것을 획득하기를 원하는 것을 보면, 그에게는 원했던 것을 획득할 능력이 결여되었다는 것을 의심할 수 없을 것이네."

"그것은 명백하네요," 내가 말했다, "또 어떤 방법으로도 부인될 수 없고요."

"그리고 그대가 보고 있는바 자기가 갈망했던 것을 성취한 사람 말인데, 그대는 그가 그렇게 할 능력이 있었다는 것을 의심하겠는가?"

"조금도 의심 안 하죠."

"그리고 각자는 그가 할 수 있는바 그 점에서는 강하다고 그리고 그가 할 수 없는 그 점에서는 약하다고 간주되어져야 하네."

"그 점을 인정해요," 내가 말했다.

"그대는 기억하는가," 그녀가 물었다, "이건 우리의 이전 논거들로부터 결론이 난 것이네, 즉 다양한 탐구 활동들에서 추동되는 인간 의지의 모든 노력은 행복을 향해 내달리고 있다는 것 말이네?"

"그것 또한 증명이 되었다는 것을 기억해요." 내가 말했다.

"그리고 그대는 행복이 좋음(善) 자체이고, 행복이 추구되는 때, 그 같은 노력 속에서, 그 좋음이 모든 사람들에 의해 갈망되고 있는 것이라는 것을 회상하는가?"

"나는 그것을 전혀 회상하지 않아요," 내가 말했다, "왜냐하면, 그것은 이미 나의 기억 속에 꽉 박혀 있거든요."

"그러니까 필멸의 모든 사람들은, 선인·악인 구별이 없이, 무차별적인 노력을 기울여, 좋은 것에 도달하려고 노력하는 것이네."

"논리가 그렇게 되네요," 내가 말했다.

"그런데 사람들은 그 좋음을 획득함으로써 좋게 된다는 것은 틀림없지?."

"확실합니다."

"선한 사람들은, 그렇다면, 그들이 구하는 것을 획득하나?"

"그렇게 보이네요."

"그리고 만약 악인들은, 그들이 구하는 바, 즉 그 좋음을 얻었다면, 악하게 될 수 없을 텐데."

"그렇군요."

"그렇다면 두 사람이 다 좋음을 구하고 있는데, 전자는 그것을 획득하고, 후자는 그렇지 못한 것이니까, 선한 사람들은 힘이 있고, 악한 사람들은 약하다는 것을 의심 할 수 있겠나?"

"그것을 의심하는 사람은 누구이건 간에," 내가 말했다, "그 사람은 사물들의 본성이나 또는 논거들로부터 귀결되는 것을 결코 고려하지 않는다는 것이겠죠."

"다시 말해서," 그녀가 말했다, "예컨대, 어느 두 사람에게 본성에 따르는 똑같은 행동이 제안되었는데, 한 사람은 고유한 본성에 따르는 행동을 실천함으로써 그것을 완수하나, 다른 사람은 본성에 따르는 기능을 감당할 수 없어, 본성에 부합하는 방식이 아니라 다른 방식으로, 즉 그에게 제안되었던 것은 수행하지 않고 그것을 수행하는 사람을 모방한다고 가정해 보세, 이 두 사람 중에 누가 더 강한 자라고 판단하겠는가?"

"나는 그대가 내가 어떻게 말하기를 기대하는지 추측하고 있지만," 내가 말했다, "그럼에도 나는 그것을 더 평범한 말로 듣기를 갈망해요."

"그대는 말이네," 그녀가 말했다, "걷는 행동이 사람들의 본성에 따르는 것임을 부인하지 않겠지?"

"조금도 부인하지 않죠," 내가 대답했다.

"그대는 또한, 명백한 것이지만, 발의 기능은 이것을 위해 본성에 따르는 기능이라는 사실을 의심하지 않겠지?"

"그것 또한 의심하지 않아요," 내가 말했다.

"그렇다면 말이네, 자기 발로 움직일 수 있는 사람은 걸었고, 반면, 발의 자연 기능이 결여된 다른 사람은 그의 손들에 기대어 걷고자 애를 썼다면, 두 사람 중 누가 더 힘 있는 자라고 당연히 생각할 수 있겠는가?"

"그 논거의 나머지 부분을 구성해 주세요," 내가 말했다, "그도 그럴 것이, 본성적 기능을 사용할 수 있는 사람이 그렇게 할 수 없는 사람보다 더 힘이 있다는 사실을 의심할 사람은 아무도 없을 것이에요."

"이제 선한 사람들과 악한 사람들에게 똑같이 목적으로 제안되어 있는 그 지고(至高)의 좋음(善)에 관해서인데, 선한 사람들은 그것을 덕들의 본성적 기능에 의해 구하지만, 악한 사람들은 그 선을 획득하는 데에 있어 본성적 기능이 아닌 그들의 동요(動搖)하는 욕망을 통해 그것을 획득하고자 그냥 애를 쓸 뿐이네. 혹은 그대는 달리 생각하는가?"

"조금도 그렇지 않아요," 내가 말했다, "왜냐하면, 이제 귀결되는 것 또한 명백해요. 그도 그럴 것이, 내가 인정한 제안된 입장들로부터 필연적으로 귀결되는 것은 선한 사람들은 힘이 있고, 악한 사람들은 약하다는 것이죠."

"그대는 앞서 달리고 있지만 틀리진 않네," 그녀가 말했다, "그리고 그건 말이네, 의사들이 보통 희망하는 바와 같이, 분발해 일어나 저항하는 체질의 본성적 징표이네. 그러나 나는 그대가 배우기에 매우 열심인 것을 보고 있기에, 나는 많은 논거들을 한꺼번에 쌓아 올리겠네. 왜 그런가 하면, 자, 보게, 부패한 사람들의 허약함이 얼마나 눈에 띄게 대단한가 말이네. 그들은 그들의 본성적 성향(性向)이 이끌어가며 거의 강제하다시피 하는 것에조차 도달하지를 못하고 마네. 그리고 그들이 이 위대하고 불가항력적인 도움인 바 그 길을 선도(先導)해가는 본성을 박탈당하는 것이라면, 그 처지는 어떻게 되는 것일까?[147] 그리고 또한 사악한 사람들을 사로잡는 무기력은 얼마나 현저한지를 고려해 보게. 왜 그런가 하면, 그들이 보상(報償)으로 애

---

147 자연적 좋음(善)의 충동을 억압하거나 박탈당하는 상황을 지적하고 있음.

써 구하나 획득하지도 또 소유하지도 못하는 것들은 사소한 것들 또는 어린애 장난감들이 아니네. 그들은 사물들의 합계와 정상(頂上)에 관계되는 것에서 실패하네. 또는 그 비참한 자들은 그들이 밤낮으로 오로지 얻고자 노력해 왔던 것의 이행(履行)을 성취하지도 못한다네.[148] 그리고 바로 이 사항에 있어 선인(善人)들의 힘은 탁월하게 명백하네. 그도 그럴 것이, 그대가 판단하기에, 발로 걸어서 저 먼 곳, 즉 그가 더 이상 걸어갈 수 없는 지점에까지 도달할 수 있었던 사람을 도보(徒步)에 있어 가장 힘 있다고 생각하는 것과 마찬가지로, 그대는 모든 바람직한 것들의 종착역, 즉 그 너머로는 아무것도 없는 지점에 도달한 사람을 가장 힘 있다고 판단해야 할 것이네. 그리고 여기에서 우리는 이것과 반대되는 경우를 보고 있네, 즉 사악한 사람들은 바로 모든 힘이 결여되어 있네. 그런데 말이네, 왜 그들은 덕을 포기하고 악덕들을 추구하는 건가? 그것은 그들이 어떤 것들이 좋은지를 몰라서일까? — 그런데 무식의 맹목성보다 더 병약한 것이 또 있겠나? 혹은 그들은 무엇을 추구해야 하는지는 알고 있는 것인가? 아니면, 과도한 욕망이 그들을 미혹하는 것인가? 다음으로, 악에 대항하여 싸울 수 없는 자들, 그들 또한 억제 능력의 결여로 이 방면에서 나약하다네. 혹은 그들은 그 좋음(善)을 포기하고 알면서 또 기꺼이 악(惡)의 길로 빠져드는 것인가?[149] 그러나 이 경우에 그들은 비단 힘이 있게 되는 것만이

148　사악한 자들은 사회 전반에 걸쳐 성공하지 못한다는 의미.

149　원문에 'scientes volentesque 인지하고 의도적인 자들': 이 표현은 법률에서

아니라, 단순히 존재하는 것 그 자체를 중지하는 것이 되네. 존재하는 만물의 공통의 목적을 옆으로 제쳐버리는 자들은 그와 동시에 존재에서 떠나버리는 것이네.

　그리고 이것, 즉 우리가 인류의 대다수를 차지하고 있는 악인들에 대해서 그들이 존재하지 않는다고 말해야 하는 것은, 어떤 이들에게는 참으로 이상하게 보일런지도 모르겠네. 그러나 그것이 우리가 처해 있는 상황이네. 정녕 악한 사람들에 대해 그들이 악하다는 것은 부정(否定)하지 않네. 그러나 그들이 순수하고 단순하게 존재한다는 것을 나는 부인하네. 왜 그런가 하면, 그대는 시체를 죽은 사람이라고 말할 수는 있어도, 단순히 사람이라고 부를 수는 없기 때문이네. 왜 그런가 하면, 악한 사람들에 대해, 나는 그들이 나쁘다는 것은 부인하지 않네. 그러나 그들이 참말로 존재한다는 것은 절대로 인정하지 못하겠네.[150] 그도 그럴 것이, 자신의 질서를 지키고 자신의 천성을 보존하는 것이 존재하네. 이러한 도리(道理)에서 탈락하는 것은, 그것이 무엇이든, 그의 본성 속에 의존하고 있는 존재 또한 포기하는 것이네.[151] 그대는 말하겠지, 그런데 악한 사람들은 어

도 지능범을 지칭함.

150　원문에 'esse 이다, 존재하다' 동사가, 드문 일이지만, 연결사(連結詞)가 아닌 독립자동사로 쓰이고 있고, 'nequeam'은 'nequeo 할 수 없다'의 접속법으로 가정적(假定的) 가능성을 시사함. 철학녀의 미묘한 뉘앙스에 주목할 필요가 있음.

151　약 1500년 전의 보에티우스의 말에서 20세기 말 실존주의자 사르트르 (Sartre)의 명언이 연상됨. "L'existentialisme est un humanisme 실존주의는 인본주의이다."

떤 것들을 할 수 있어요. 나도 그것을 부인하려고 하지 않네, 그러나 그들이 지닌 이 능력은 그들의 힘으로부터가 아니고, 그들의 무능함에서 유도되는 것이네. 왜 그런가 하면, 그들이 선한 일들의 수행을 버티어낼 수 있었다면, 그들이 할 수 없었을 악한 일들을 하는 것이니까. 그리고 그들이 이제 지니고 있는 능력은 그들이 실제로는 아무것도 할 수 없다는 사실을 보다 명백히 보여주고 있는 것이네. 그도 그럴 것이, 우리가 이제 막 결론 내린 것처럼, 만약 악이 아무것도 아닌 것이라면, 그들은 악밖에 하는 것이 없으니까, 악인들이 아무것도 할 수 없다는 것이 명백하네."

"그것은 아주 명료하네요."

"그리고 그들이 지니고 있는 이 힘의 본성이 무엇인지를 그대가 이해하도록 하기 위해, 우리가 조금 전에 강조하며 주장했던 것, 즉 그 지고의 좋음보다 더 힘이 있는 것은 없다는 것을 그대는 기억하게."

"기억합니다," 내가 말했다.

"그런데 그 지고의 좋음은," 그녀가 말했다. "악을 행할 수가 없지."

"전혀 그렇게 할 수 없죠."

"자, 이제 사람들이 모든 것들을 할 수 있다고 생각하는 사람이 있을까?" 그녀가 물었다.

"미치지 않고서야 어찌 그럴 수가 있겠어요, 아무도 없어요."

"그럼에도 사람들은 악을 행할 수 있네."

"정말이지," 나는 탄성을 질렀다, "그들이 그렇게 할 수 없었으면 좋겠어요!"

"그러니까 선한 것들만을 행할 수 있는 이는 모든 것들을 할 수 있고, 악을 행하는 자들은 모든 것을 할 수 없으니까, 악을 행할 수 있는 사람들은 더 적은 것을 할 수 있는 것이 분명하네. 그리고 더 나아가서 우리는 모든 힘은 갈망되어지는 것들 중의 하나라는 것과 모든 갈망되어지는 것들은 바로 그것들 본성의 정상(頂上)이라고 할 좋음(善)에 연관되어 있다는 것을 분명히 제시하였네. 그러나 악을 행할 수 있는 능력이 그 좋음과 연관되는 것은 불가능하고, 또 그런고로 바람직하지도 않다네. 그러나 모든 힘은 갈망의 대상이 되도록 되어 있네. 그러니까 악을 행할 수 있는 이 능력은 명백히 힘이 아니네.[152] 이 모든 논거들로부터 선한 사람들의 힘과 악한 사람들의 나약함은 명백한 것이 되고, 또 이와 관련해서, 플라톤의 견해는 명백히 참된 것이네. 즉 현명한 사람들만이 그들이 갈망하는 것을 할 수 있고, 사악한 사람들은 그들이 즐겨하는 것을 이행할 수는 있으나, 그들이 갈망하는 바를 성취하는 것은 아니라는 것이네.[153] 왜 그런가 하면, 그들은, 아무거나 가리지 않고, 그들이

---

152 이 철학 생도와 철학녀 사이의 대화에서, 생도는 이전의 단계에서 여선생의 여러 논거들이 보다 평이한 말로 설명되어지기를 원했던 바, 여러 용어들, 예컨대 '좋음(善)'은 '좋은 것'으로, '권력'은 '힘'으로 대치되는 맥락에서 여신 특유의 삼단논법이 전개된다고 사료됨.

153 플라톤,《고르기아스 Gorgias》, 507 c 참조. 본 장(章)과 다음 장에 걸쳐 비슷한 논의가 진행됨.

쾌락적으로 즐기는 것들을 통해 그들이 갈망하는 그 좋은 것을 얻을 것이라 생각한다네. 그러나 그들은, 수치스러운 행위들은 행복을 얻는 데에 도움이 안 되기 때문에, 그 좋은 것을 얻지 못한다네."

시 II

그대는 높은 왕좌들에 앉은 거만한 왕들을 보고 있네,[154]

그들의 자색 옷은 밝게 번득이고, 털이 곤두 선 팔들에 에워싸여 있네.

그들은 엄한 얼굴로 위협하고, 격앙된 심장으로 헐떡이네.

만약 어느 사람이 거만한 왕들로부터 그들의 헛된 광채의 덧옷을 벗기면,

그는 이 군주들이 속에 촘촘한 사슬들을 지닌 것을 볼 것이네.

정녕 거기엔 욕망이 독이 든 욕심으로 그들의 마음을 휘젓고 있고,

거기엔 회오리바람이 파도를 휘몰아치듯 노여움이 그 마음을 들쑤시네.

또 꽉 닫혀 있는 슬픔이 애태우고 있거나 미끄러운 희망이[155] 괴롭히고 있네.

그러니까 그대가 보는 바와 같이 하나의 머리가 여러 폭군들을 견

---

154 권력자들을 풍자한 시로, 여기 묘사된 왕들은 참다운 권력인 덕으로부터는 동떨어져 온갖 죄악의 노예로 전락되어 있음을 시사(示唆)하고 있음.

155 초기 금욕주의자들은 네 가지 악덕들을 제시하였는데, 바로 이 시에 나오는 '욕망', '노여움', '슬픔', '희망'이었음

디고 있으니,

그는, 이 모진 주인들의 등쌀에, 자신이 하고자 하는 것을 못한다네.

산문 III

"그대는 사악함이 어떤 시궁창에 빠져 허덕이고 있고, 좋음(善)
이 얼마나 밝게 빛나고 있는지를 이제 알겠는가? 이런 것으로
부터 명백한 것은 선한 행위들엔 그에 대한 보상(報價)들이, 또
악한 행위들엔, 그에 대한 징벌(懲罰)들이 뒤따른다는 것이네.
그도 그럴 것이, 수행되는 모든 행동들에 있어서, 각각의 행동
이 수행하는 목적이 정당하게 행동의 보상으로 간주될 수 있기
때문이네, 예컨대 경주(競走)의 목적인 승리의 관은 명백히 경
주의 보상이네. 그런데 우리는 행복이 좋음(善) 자체라고 또 모
든 것들이 행해지는 바의 목적이 좋은 것임을 보여주었네. 그
렇게 해서 좋음 자체가 모든 인간 행동들에 대한 공통된 보상
으로 제안되고 있는 것이네. 그러나 이것은[156] 선한 사람들로
부터 분리될 수 없네, — 그도 그럴 것이 선함이 결여된 사람은

---

156 원문의 'hoc 이것'은 문법직으로 또 내용에 합당하게 윗 문장의 'ipsum
bonum 선 그 자체'를 받고 있는데, 본 철학 논의에서 엄정히 규정하자면, 그것은
그 '지고의 좋음'이라는 범주를 지시(指示)하고 있고, 선한 사람이 하는 행동이
'선하다 bonus' 하는 것은 그 사물의 속성 내지는 본성을 뜻하는데, 철학녀는 그
둘을 동일한 선상에 올려놓는 지론을 펼치는 것임.

더 이상 선하다고 올바르게[157] 일컬어질 수 없기 때문에, 선한 행동이 보상이 없이 방치되는 것은 아니네. 그런 고로 악한 자들이 아무리 미쳐 날뛴다 해도, 현명한 사람의 월계관은 아래로 떨어지지도 시들지도 않을 것이네. 그도 그럴 것이 다른 사람의 사악함 또한 착한 심령들로부터 그들의 영광을 끌어내릴 수가 없기 때문이네. 그러나 한 사람이 어떤 사람으로부터 받은 것을 좋아하고 기뻐한다면, 어느 딴 사람도 그것을 준 사람도 그것을 다시 빼앗을 수 있는 것이네. 그러나 각각의 사람들에게 보상을 부여하는 경우는 그의 선함이기에, 그가 선하기를 그만 두는 때에만, 그것을 결여할 것이네. 끝으로, 모든 보상은, 그것이 좋다고 믿기 때문에, 추구하는 것인데, 그 누가 좋음을 소유하고 있는 사람을 아무 보상도 받지 못한 사람이라고 판단할 것인가? 그런데 무슨 보상이냐고? 모든 것 중에서 가장 크고 가장 아름다운 것이지. 정녕 내가 조금 전에 한 훌륭한 선물로 그대에게 준 방증(傍證)을 기억하며, 이렇게 결론짓게. 행복이 좋음(善) 자체인 고로, 모든 선한 사람들은, 그들이 선하다는 그 이유 하나만으로, 행복하도록 만들어진다는 것이 분명하네. 그런데 행복한 이들은, 동의(同意)되어 있듯이, 신(神)들이네. 또 그런 고로, 신들이 된다는 것은 선한 이들의 보상이고, 이것은 시간에 의해 적게 되지도 않고, 어느 인간의 권력도 그것을 감

---

157 원문의 'ultra iure 더 이상 정당하게'에서 'ultra'는 전치사가 아니라 부사로 쓰이고 있어 시간적으로 '더 이상은 any longer'의 뜻이기에 주의를 요하고 'iure'는 '법에 따라, 정당하게'의 뜻이기에 그 문맥이 까다로움.

소하지 못하고, 또 어느 인간의 사악함도 그것을 희미하게 만들 수 없는 것이네. 사태가 이러하니, 현명한 사람이라면 징벌을 악한 사람들과 떼어놓을 수 없다는 것을 의심할 수 없을 것이네. 그도 그럴 것이, 선과 악, 또 징벌과 보상은 서로 정반대되는 것들이므로, 우리가 선인의 보상으로 구성하는 것과 똑같은 것이 악인의 징벌의 경우에는 필연적으로 그 반대 방향으로 상응해서 일어나야만 하네. 그러니까 선함 그 자체가 선한 사람들에게 보상이듯이, 악인들에게는 사악함 그 자체가 징벌이 되는 것이네. 이제 그 누가 벌을 받든지 그가 악으로 인해 시달림을 받는다는 것은 의심할 여지가 없네. 그러니까 만약 그들이 그들 자신의 처지를 기꺼이 평가해보고자 한다면, 사악함 ― 그건 모든 악들 중에서 제일 나쁜 것이다! ― 에 의해 영향을 받을 뿐만이 아니라 재앙에 이르게 될 정도로 감염되는 그런 사람들이 자신들은 벌을 받고 있지 않다고 생각할 수 있겠는가?

그러나 이것과 반대되는 선인들의 경우와 비교해 무슨 징벌이 악인들을 기다리고 있는지를 잘 보게. 정녕 그대는 조금 전에 존재하는 모든 것은 하나라는 것과 하나임은 그 자체가 선이라는 것을 배웠네. 여기서부터 추론되는 것은 모든 것은, 그것이 존재하는 고로, 또한 선하다고 보여지는 것이네. 이런 방식으로, 그 다음은, 선함으로부터 전락하는 것은 그것이 무엇이든, 존재하기를 중지한다는 것이지. 그런 연유에서 악인들은 한때 과거의 자신들로 존재하기를 중지하네, ― 그들이 지금까지는 인간이었다는 사실을 아직 남아있는 그들의 인간 형체가 보여줄 뿐이네. ― 그러니까 그들은 사악(邪惡)의 방향으로 나아감으로써 그 행위를 저지르는 동시에 그들의 인간성을 잃은 것이네.[158] 그러나 좋음(善)만이, 그 누구이든지, 그를 보통 사람들[159] 이상으로 끌어올릴 수 있기에, 필연적으로 귀결되는 바, 사악함은 '인간다운 상태'[160]로부터 내친 자들, 바로 그들을 인간 칭호를 받을 만한 자격 이하로 내던져버린다는 것이네. 그러니까 그대는 악들에 의해 변형된 이를 사람이라고 평가할 수 없다는 결론이 나네. 다른 사람들의 부(富)를 난폭하게 약탈하는 자는 탐욕으로 불타고 있네. 그대는 그가 늑대와 같다고 말할 테지. 거칠고 안절부절 못하는 사람은 논쟁을 하는데에 있어 그의 혀를 잘 돌리네. 그대는 그를 한 마리 개에 비유할 걸세. 음흉한 협잡꾼은 그가 사기 행각에 성공한다고 기뻐하네. 그를 작은 여우들과 같은 수준에 놓고 보게. 자기의 노여움을 다스릴 줄 모르는 자는 으르렁대기만 하네. 그런 자는 어

---

158 원문의 'amisere'는 'amito 잃다' 동사의 3인칭 복수 현재 완료형 'amiserunt'의 이형(異形).

159 철학녀가 얼마 전의 견해로도 인류의 대부분이 선하지 않다는 것이었는데, 여기서도 원문에 'ultra homines 사람들의 수준 그 이상으로'에서 보듯이 다소 비관적 세계관이라고 사료됨.

160 원문의 'humana condicio 인간 조건'에서 이를 좀 더 쉽게 풀어 쓰자면 '인간성에 알맞은 상태'로 이해할 수 있고, 이 표현은 바로 프랑스의 대 작가 앙드레 말로(André Malraux)의 명작소설《인간의 조건 La Condition humaine》(1933)을 연상시킴.

느 사자의 정신을 지니고 있는 것이라고 생각하게. 겁 많고 고정하지 못하는 자는 무섭지도 않은 것들을 무서워하고 있다네. 그는 사슴 같다고 치부(置薄)하게. 아둔한 게으름뱅이는 감각을 잃고 있네. 그는 나귀의 삶을 살고 있는 것이네. 변덕스럽고 일정(一定)하지 못한 자는 그의 추구(追求)들을 자꾸 바꾸네. 그는 새들과 다를 바가 없네. 어떤 사람이 욕되고 불결한 욕망들에 푹 빠져 있네. 그는 암퇘지의 쾌락에 꽉 잡혀 있는 것이네. 그러니까 좋음(善)을 옆에 제쳐놓고 인간이기를 중지한 자는 신성한 상태로 넘어갈 수가 없으니까, 한 마리 짐승으로 변하는 것이네."

선 III

네리토스 지장(智將)[161]의 배와
바다를 떠도는 그의 함대를
남동풍이 그 섬으로 휘몰아 갔네.
거기엔 태양신의 씨에서 태어난
아름다운 여신[162]이 살고 있어.
그녀는 새로 온 손님들 각자에게

---

161 오비디우스가 오뒤세우스에 대해 쓴 호칭. 네리토스(Neritos)는 후자의 고향 이타카(Ithaca)에 있는 산 이름. 호메로스의 《오뒤세이아》 10장 이하를 볼 것.

162 여신은 키르케(Circe)를 가리키며, 그녀는 태양신 아폴론과 페르세(Perse), 즉 바다의 신 오케아누스(Oceanus)의 딸 사이에서 태어났음.

마법으로 조제된 술 한 잔씩 건네주네.

약초(藥草)에 능한 그녀의 솜씨는

그들을 여러 형태로 변모시키네.

이 선원(船員)은 멧돼지의 탈을 쓰고 있고,

저 선원은 아프리카 사자의 탈을 쓰고,

또 한 사람은 이제 늑대 무리에 끼워서

흐느껴 운다는 것이 울부짖음이 되네.

또 다른 사람은 인도의 호랑이처럼

양순하게 집 주위를 어슬렁거리네.

그런 판국에도 신성(神性)을 지닌

아르카디아의 날개 달린 신[163]은, 여러 병폐에

시달려 온 선장(船將)에 동정을 느꼈기에,

그 여자의 독약으로부터 면제시켜 주었네.

그러나 벌써 노 젓는 선원들의 목구멍은

독이 든 음료(飲料)를 죽 들이켰네.

벌써 멧돼지들이 된 그들은 케레스의 음식 대신

도토리를 먹고 있네,

그리고 전락(轉落)한 그들에게

아무것도, 목소리나 신체에 있어, 변하지 않은 것은 없네.

다만 각자의 마음은, 굳건히 살아남아,

그가 견디어 내고 있는 몹쓸 것들을 통탄하네.

---

163 희랍의 신 헤르메스(Hermes)에 해당하며 주신(主神) 유피테르의 아들로
주로 신들의 사자(使者)로 활약했고, 아르카디아(Arcadia) 출신임.

오, 그다지도 나약한 그 여자의 솜씨,

또 힘이 없는 약초들![164]

그것들이 사람들의 사지(四肢)를 변화시키나,

그들의 마음을 변화시킬 수 없다네.

사람들의 힘은 저 안 숨겨진

요새 속에 단단히 간직되어 있네.

저 독약들은[165] 보다 강력하게

인간을 자신으로부터 끌어내린다네,[166]

저 깊은 내부에서 움직이고 있는 음산한 그것들!

그들은 몸은 상하지 않게 하면서

마음에 잔혹하게 상처를 입힌다네.

산문 IV

그때 내가 말했다. "나는 수용(受容)해요, 그리고 나는 사악한 자들은 인체의 형태는 보존하고 있지만, 마음의 질(質)에 있어서는 짐승으로 변해 있다고 하는 것이 잘못된 언급이 아니라는 것을 깨닫고 있어요. 그러나 나는 선한 사람들을 파멸시키고자

---

164 키르케의 마법은 '오뒤세이아'에서도 항구적인 효력은 없어, 선원들은 인간 형태를 회복함.

165 직전의 산문 장(章)에서 논의된 '사악한 충동들'을 지칭함.

166 '인간성 상실'이라는 전락(轉落 la chute)의 모티브로 프랑스 실존주의에서 사용되는 핵심 개념.

날뛰는 그토록 사납고 사악한 마음을 지닌 자들이 그들의 힘 안에 그럴 능력을 지니도록 허용되지 않았으면 하고 바라고 싶 었어요."

"그것은 허용되어 있지 않네," 그녀가 말했다, "어느 적당한 장소에서 잘 설명이 될 걸세. 그런데 말이네, 만약 그들의 것이 라고 믿어지는 바로 그 힘이 제거된다면, 사악한 자들의 징벌 또한 아주 상당히 경감될 것이네. 왜 그런가 하면, 아마도 어떤 이들에게는 믿기지 않을지 모르겠지만, 사악한 자들은 그들이 갈망하는 바를 성취하는 때에, 그들이 그들의 욕망들을 실행해 나갈 수 없을 때보다, 참으로 더 불행해질 수밖에 없다는 것이 네. 그도 그럴 것이, 만약 악한 일들을 하려는 의지를 지니고 있 는 것이 비참하다면, 그보다 더 비참한 것은 그것들을 할 능력 을 지니고 있는 것인데, 그 능력이 없다면 비참한 의지의 실천 은 맥이 빠지게 될 것이니 말이네. 그러니까 이들 행위들의 각 단계마다 그것에 고유한 비참함을 지니고 있기 때문에, 그대가 관찰하는 바, 악을 행하기를 원하고, 악을 행할 수 있고, 또 악 을 실제로 행하는 사람들은 이 세 단계의 불행으로 마음이 억 눌려 있음이 분명하네.[167]"

"그것을 나는 인정해요," 내가 말했다, "그러나 내가 아주

---

167 철학녀는 여기서 범죄 심리 분석적 진단을 내놓고 있는데, 그 전제(前提)는 인간들은 존재자들로 선천적으로 좋음(善)을 지니고 있기에, 악인들이 어떤 악을 저지르고자 할 때 어떤 불안감과 마음의 억눌림을 경험하게 되고, 그런 능력을 갖 추게 되면, 그런 불안감이 더해지고, 그것을 실행하게 되면 그런 '비참한' 상태가 극대화 된다는 의미라고 사료됨.

강력히 바라는 것은 악을 저지를 수 있는 능력을 박탈당함으로써 그들이 재빨리 불행을 떨쳐버리게 되는 것이에요."

"그들은 그것을 떨쳐버릴 것이네," 그녀가 말했다, "아마도 그대가 갈망하는 것보다도, 또는 그들 자신이 그렇게 할 것이라고 생각하는 때보다도 더 재빨리 말이네. 그도 그럴 것이 이 인생의 짧은 범위 내에서 사람의 마음이 기다리기가 따분할 정도로 늦게 오는 것이 무엇이 있겠나, 특히 마음[168]이 영구한 존재라는 것을 고려하면 말일세.[169] 그들의 큰 기대와 그들의 더할 나위없는 책동들은 갑자기 붕괴되고 또 가끔은 기대치 않게 종말을 고한다네. 그것은 그들의 비참함을 제한해 주는 것이네.

정녕 사악함이 그들을 비참하게 만든다면, 더 오랜 기간에 걸쳐 사악한 사람은 필연적으로 더 비참하게 된다네.[170] 그리

---

168 원문에 'immortalis … animus'로 되어 있는데, 물론 고대희랍식으로 생각하여 '영혼'이라는 뜻도 있지만, 로마인들은 보다 실제적 사고에 중점을 두어 '생활력을 지닌 정신' 즉 '마음'의 의미에 비중을 두었고, 그 뜻은 영어의 'mind'에 가장 잘 부합함.

169 여기서 철학녀의 입장은 존재와 좋음의 영구성 속에서 모든 것은 사필귀정인데, 시간을 재촉할 필요가 없음을 시사하고 있음.

170 지금까지의 논의에서 악을 행하는 과정의 세 단계가 범행자를 그에 비례해서 비참하게 만든다는 논리였는데, 그에 따르면 보다 악하게 되면 보다 비참하게 된다는 것이 논리적으로 합당하다. 그런데 본 문장에서는 그 '비참함'에 대한 비례적 대상이 그 '악행의 정도'가 아니라 '악행의 시간'으로 되어 있다. 여기서 러브(Loeb) 대역판의 역자 테스터(Tester)는 이 문장이 아리아누스(Arianus) 신봉자인, 고트족 출신의, 테오도리쿠스 왕을 겨냥하고 있다고 판단하여 다음과 같이 번역하고 있다. "…… your long—time miscreant is bound to be more

고 나는 그들을 가장 불행한 사람들이라고 판단해야 하는데, 종국(終局)에는 죽음이 그들의 사악함에 마침표를 찍는다는 것이 그나마 다행한 일이네. 그도 그럴 것이, 우리가 악행에 수반하는 불행에 대하여 어떤 참된 결론에 정말로 도달했다면, 그 비참함은 명백히 무한정하고, 또 동의된 바와 같이, 영원하네."

"아, 멋진 결론이군요." 그때 내가 말했다, "그런데 수긍하기는 쉽지 않네요. 하지만 그것이 우리가 먼저 허용했던 것과 매우 잘 부합한다는 것은 인정해요."

"그대의 상념(想念)들은 맞네," 그녀가 말했다, "그러나 어떤 결론에 동의하기가 어렵다고 생각하는 사람은 어떤 전제가 잘못 되었다고 예시(例示)를 하거나 또는 전제들의 연결이 필요한 결론을 부여하지 못한다는 것을 증명하는 것이 온당하네. 그렇지 않은 경우엔, 만약 전제가 허용되어 있다면, 그가 결론을 부인해야 할 이유가 전혀 없는 것이네. 정녕, 내가 그대에게 말하려 하는 이것 또한 상당히 놀랍게 보이겠지만, 그것 또한 이미 옳다고 판단된 것들로부터 똑같이 필연적으로 귀결되는 것이네."

"그것이 무엇인데요?" 나는 물었다.

"악한 자들은 사법(司法)에 의해 요구 되는 징벌이 그들을 억

---

wretched. 그대의 장기간에 걸친 이단자(異端者)는 더 비참하게 되도록 되어 있네." 이것은 통쾌한 의역이라고 안 할 수 없고 타당성도 있다고 사료된다. 단 1500년 전의 원고를 두고 '역사 비판적' 독해를 한다는 것에 다소 무리가 따르기에 본 번역은 그 어휘에 충실을 기했고, 원문은 아래와 같다. 'Nam si nequitia miseros facit, miserior sit necesse est diuturnior nequam.'

압하지 않았던 경우보다 벌을 받고나서 더 행복하다는 사실이네. 그리고 나는 어떤 사람의 마음에도 쉽게 떠오를 어떤 요지(要旨)를 상론하고자 하는 것이 아니네. 즉 악한 행동은 응보(應報)에 의해 교정이 되고 징벌의 두려움에 의해 올바른 길로 되돌려지고, 또 그들이 비난받을 만한 것은 어떤 것도 피해야 된다는 바의 그런 본보기가 남들에게 되도록 해야 한다는 지론(持論) 말이네. 그런데 그 문제를 다른 방식으로 생각해 본다면, 즉 교정에 대해 참작하지도 않고 또 본때를 보여준다는 것에도 주의를 기울이지 않아도, 악한 자들은, 벌을 받지 않게 되면, 더 불행하다는 것이네."

"이것들 외에," 내가 말했다, "다른 방식은 무엇이 될까요?"

그리고 그녀가 대답했다. "우리는 선한 이들은 행복하고 악한 이들은 비참한 것이라고 인정하지 않았던가?"

"그랬죠," 내가 대답했다.

"이제 만약," 그녀가 말했다, "어떤 선한 것이 어떤 사람의 비참에 부가된다면, 그런 사람이 선한 것은 가미되지 않고 오로지 섞이지 않는 비참만을 지닌 사람보다 더 행복한가?"

"그렇게 보이네요," 내가 말했다.

"또 모든 선을 결여한, 이와 같은 비참한 사람에게, 이미 그의 비참함의 이유가 된 것들 외에, 또 다른 악이 하나 더 추가되었다면, 그는 처벌이 선에 참여로 인해 경감된 사람의 경우보다 훨씬 덜 행복하다고 생각되어야 하지 않을까?"

"확실히 그래요," 내가 말했다.

"그런데 악한 자들이 벌을 받는 것은 명백히 공정하고, 그들이 벌을 받지 않고 빠져나가는 것은 불공정하네."

"누가 그것을 부인하려고 하겠어요?"

"그런데 어느 누구도," 그녀가 말했다, "공정한 것은 모두 좋음(善)인 반면, 불공정한 것은 악이라고 하는 것, 이것을 부인하지 못할 걸세."

나는 그것이 명백하다고 대답했다.

"그러니까 악인들은, 그들이 벌을 받는 바로 그때 얼마만큼의 좋음을 얻게 되는 것이네, 즉, 징벌은 그 자체가 그것의 공정성으로 인해 좋음(善)인 것이네. 그리고 같은 방식으로, 그들이 벌을 받지 않고 빠져 나갈 때, 그들은 어떤 부담을 지게 되는데, 그것은 바로 그들의 악이 처벌받지 않은 상태, 그대가 시인한 바와 같이, 그것의 불공정으로 인해 악이 되는 것이네."

"나는 그것을 부인할 수 없네요."

"그러니까 불공정한 징벌 면제를 허가받은 악인들은 공정한 응보로 벌을 받은 자들보다 훨씬 덜 행복한 것이지."

그때 내가 말했다. "이런 것들은 참말로 이제 막 결론지은 것들로부터 귀결되네요. 그럼 나는 이제 그대에게 이렇게 물어보고자 해요, 그대는 육체의 종말이 죽음에서 끝난 후에도 영혼들에 대해 징벌을 추적하나요?"

"참으로 엄청난 징벌들이 있을 것이네," 그녀가 말했다, "그런 것들 몇몇이 형사상의 가혹성을 드러내며 실행되지만, 또 어떤 것들은 정화(淨化)하는 과정을 밟게 되지. 그러나 이제 그런 것들을 논의하는 것이 나의 복안(腹案)이 아니네.

그러나 우리가 지금까지 목표로 삼았던 것은 그대로 하여금 악인들의 권력은, 그대에게 지극히 참기 어렵게 보였지만, 실제로는 아무것도 아니라는 것을 인식하게 하는 것이었고 또 그대가, 벌을 받지 않았다고, 불평한 그자들에게 그들의 악행에 해당 되는 징벌들이 결코 결여되는 법이 없다는 것을 그대로 하여금 깨닫게 하는 것이었네. 그리고 그대가 재빨리 중단되기를 기원(祈願)했던 그 면허는 오래 지속되는 것도 아니고, 그것이 더 오래 지속되면 그들은 더 불행해지는 것이고, 만약 그것이 영원하다면 그들은 가장 불행해진다는 것을 그대에게 깨우쳐 주려는 목적도 있었네. 그리고 끝으로, 악인들은, 그들이 공정한 응보로 벌을 받는 때보다 그들이 불공정한 징벌 면제로 빠져나가도록 허락되는 때에, 더 비참해진다는 것을 보여주고자 했네. 그리고 이런 결론으로부터 귀결되는 것은 그들은, 벌을 받지 않는다고 믿는 바로 그때, 더 무거운 징벌들에 의해 짓눌려진다는 것이네.”

그때 내가 말했다. “내가 그대의 논거들을 고려해 볼 때는, 그보다 더 진실되게 천명된 것은 없다고 생각해요, 그러나 만약 내가 사람들의 판단들에 다시 주의를 기울여 본다면, 그런 논의들은 단순히 믿을 만한 가치도 없을뿐더러, 들어 볼 가치조차 없다고 사람들이 생각하지 않겠습니까?”

“상황이 그러하네,” 그녀가 말했다. “왜 그런가 하면, 그들은 어둠에 익숙한 눈을 명명백백한 진실의 빛에 갖다 댈 수가 없기 때문이네. 어떤 새들의 경우처럼, 밤은 이들의 시력을 밝혀주나 대낮은 눈멀게 한다고 하네. 정녕 그들이 세계의 질서에는 관심을 갖지 않고 그들 자신의 욕망들에만 몰두하고 있는 동안, 그들은 악을 행하고 그 행해진 악행에 대해 처벌받지 않고 빠져나가는 것이 행복한 것이라고 생각하는 것이네.

그러나 영원한 법칙이 무엇을 정해주었는지를 살펴보게. 그대가 마음을 더 나은 것들에 일치시켰다고 가정해 보게. 그대에게 보상을 줄 재판관이 필요없네, 그대 자신이 그보다 훌륭한 것들에 합치시킨 것이네. 그대가 더 나쁜 것들을 향해 옆길로 빠진다고 가정해 보게. 그대를 벌할 그 누구를 밖에서 찾지 말게, 그대가 그대 자신을 보다 야비한 것들 가운데로 내던져진 것이네. 이렇게 생각해 보게, 만약 그대가 번갈아 가며 다른 모든 외부 것들은 제쳐놓고, 그대 시력의 증거 자체만을 근거로 하여, 한 번은 지저분한 땅을, 다른 한 번은 하늘을 바라본다면, 그대는 한 번은 오물 가운데에, 또 다른 한 번은 별들 가운데에 있는 것처럼 보일 것이네. 그런데 보통 무리들은 별들을 올려다보지를 않네. 자, 그렇다면, 우리는 짐승들과 다르지 않다고 보여준 무리들에 합류할 것인가? 자, 시력을 완전히 상실한 사람이, 한때 시력을 소유하였다는 사실마저 망각한 채, 인간을 완전하게 만드는 데에 필요한 어느 것도 결여하지 않았다고 생각하는 경우를 가정해 보게. 확실히, 시력을 가진 우리가 마치 눈먼 사람과 같은 견해를 갖게 되는 것이 아니겠는가? 정녕, 그와 마찬가지로 심지어 강한 토대에 근거한 이 지론(持論)에도 그 무리들은 동의하지 않을 것이네. 즉 불의(不義)를 저지르는 자들이 불의를 겪는 사람들보다 더 불행하다는 것이지."

"그것들은요," 내가 말했다, "내가 듣고 싶은 논거들인데요."

"모든 사악한 사람은," 그녀가 말했다, "벌을 받아 마땅하다는 것을 그대는 부인하지 않겠지?"

"조금도 부인하지 않죠."

"그러나 사악한 자들이 불행하다는 것은 여러 면에서 명백하네."

"그렇죠," 내가 말했다.

"그러니까 그대는 벌을 받아 마땅한 사람들이 비참하다는 것을 의심하지 않는 거지?"

"동의한 거죠," 내가 말했다.

"이제 만약 그대가," 그녀가 말했다, "판사로 앉아 있다면, 그대는 불의를 범한 자 또는 그것을 겪은 자, 어느 편이 벌을 받아야 한다고 생각하겠는가?"

"의심할 바 없이," 내가 말했다, "범법자에게 고통을 줌으로써 고통을 당한 사람에게 만족감을 주어야겠죠."

"그렇게 되면 불의를 저지른 자가 그것을 겪은 자보다 더 비참하게 보일 테지."

"그렇게 귀결이 되네요," 내가 말했다.

"따라서 이런 이유 때문에, 그리고 모든 것은 이 하나 — 뻔뻔함은 그것의 특성상 사람들을 비참하게 만든다 — 의 뿌리에 의지하는 또 다른 이유 때문에, 그건 명백하네. 다른 사람에게 저지른 불의는 피해자가 아니라 가해자에게 비참함을 가져온 다는 것 말이네."

["명백합니다." 내가 말했다.]

"그런데도 오늘날 말일세," 그녀가 말했다, "연설가들은 반대 노선을 택하네. 정녕 그들은 어떤 심각하고 비통한 상처를 입은 이들을 위해 연민의 정을 느끼도록 배심원들을 감동시키려고 애쓴다네. 그런데 연민의 정은, 보다 공정하게 말하자면, 오히려 상처를 입힌 자들을 위해 느껴져야 하는 것이네. 병자들을 의사에게 보내듯이, 성을 내지 않고 다소 상냥하고 자비로운 고소인들에 의해서 이들을 재판에 넘겨 벌을 받게함으로써 그들의 과오를 잘라내야 하는 것이네. 이렇게 되면, 변호인단의 작업은 완전히 시들해지거나, 만약 사람들에게 좋은 일을 하기를 선호한다면, 그들의 역할은 고소인들의 역할로 변모(變貌)할 것이네. 그리고 사악한 자들은 말이네, 어떤 작은 틈새를 통해 자신들이 방기(放棄)했던 덕을 흘깃 보고 또 그리하여 징벌의 고통을 통해 자신들의 악덕의 더러움을 떨쳐버리게 될 가능성을 보는 것이 허용된다면, 힘들게 획득한 올바름이 그러한 고통을 상쇄할 것이네. 그들은 그러한 것들은 고통이라고도 여기지 않을 것이며, 변호사들의 노력도 거부하고, 그들 자신을 검사들과 재판관들에게 전적으로 맡겨 버리고자 할 걸세. 그런고로 현명한 사람들의 마음엔 증오가 들어설 자리가 전혀 없을 걸세. 그도 그럴 것이, 완전 천치가 아닌 다음에야 누가 선한 사람들을 미워하겠는가? 더 나아가 악인들을 미워하는 것도 합

리적이지 못하네. 왜 그런가 하면, 우리는 몸이 아픈 사람들을
미움이 아니라 동정을 해야 마땅하다고 생각하기에, 그리고 어
떤 신체적 쇠약함보다 훨씬 더 끔직한 사악함에 의해 그들의
마음이 억눌려 있기에, 그자들에게는 박해를 가할 것이 아니라
훨씬 더 동정을 베풀어야 한다는 것이네."

시 IV

왜 인간들은 엄청난 소동을 일으키며 즐거워하고
자신들의 손으로 운명을 재촉하나?[171] 그대들이
죽음의 여신[172]을 희구(希求)하는 것이라면, 그녀 자신은
스스로 다가오며 그녀의 준마들을 느리게 하지 않는다네.
뱀, 사자, 호랑이, 곰, 멧돼지가 자신들의 이빨로
인간들을 물어뜯고, 인간들은 칼을 빼어들고 서로서로 덮친다.
인간들이 부당하게 그런 잔혹한 전쟁들을 일으키는 것은
그들의 풍습이 맞지 않고 서로 다르기 때문이고,
서로서로의 칼끝에서 죽기를 마다하지 않아서일까?
그 잔악함 속에는 충분한 정의(正義)가 들어있지 않네.
그대는 그들의 공과(功過)에 정당한 보상을 하기를 원하는가?
선한 이들을 합당하게 사랑하고 악한 이들을 동정하라.

---

171 로마 제국 건설을 전후한 여러 시민전쟁에 대한 야유로 사료됨.

172 라틴어에서 'mors 죽음'은 여성인데 여기서 의인화 되어 있어 '여신'으로
의역함.

그때 내가 말했다. "나는 정직한 사람들과 부정직한 사람들의 공과(功過)들에 행복함과 비참함이 함축되어 있는 것을 알겠어요. 그러나 운(運) 자체의 통속적 관념 속에 어떤 선이나 악이 있다고 생각해요. 그도 그럴 것이, 현명한 사람들 중 어느 누구도 자신의 도시에 머물면서 그의 부(富)로 인해 힘 있고, 그의 명예들로 인해 존경받고, 권력 면에서 강하기는 고사하고, 유배(流配) 자가 되어 가난하고 치욕스럽게 되기를 선호할 리가 없기 때문이죠.[173] 이렇게 되어야, 통치자들의 행복이 어떤 식으로든 그들 밑의 백성들에게 양도될 때, 지혜에 의한 관치(官治)가 보다 주목할 만하고 명명백백한 형태로 실천될 테니까요. 그렇게 되면, 사악한 시민들을 위해 법적으로 제도화된 것들인 감옥, 죽음 그리고 법적 징벌들에 따른 다른 고통들은 사악한 시민들의 몫이 되는 것이에요. 그런데 이제 무슨 이유로 이런 것들이 반대편으로 방향이 바뀌어, 악한 이들에게 해당되는 징벌들이 선한 이들을 억압하고, 반면 악인들은 덕(德)에 주어져야 할 보상(補償)들을 가로채고 있는지 나는 진정으로 의아해 하고 있어요. 그리하여 나는 그대로부터 그런 사악한 혼돈에 대한 원리가 무엇인지 그대로부터 듣기를 갈망하는 것이에요. 만약에 내가 모든 것이 무작위적인 우연에 의해 뒤죽박죽이 되어 있는 것이라고 믿는다면, 참으로 덜 놀랄 거예요. 그러나 실상은, 주재자이

---

173 감금된 대화자의 신세타령으로 사료됨.

신 신에 대한 나의 믿음이 있기에 나의 놀라움은 더한 거죠. 그가 자주 선한 이들에게 기쁨들을 그리고 악한 이들에게는 불쾌한 것들을 선사하는가 하면, 또 다른 때에는 선한 이들에게 가혹한 것을 배분하고 그리고 악한 이들에게는 그들의 욕망들을 채워주시는 고로, 이 원인이 해명되지 않는 한, 왜 그의 통치가 무작위적인 우연들의 지배와 다르다고 간주해야 하나요?"

"만약에 질서의 참된 원리를 모른다면," 그녀가 말했다. "어떤 것이 무작위적이고 혼돈스럽다고 하더라도 이상할 것이 없네. 그러나 비록 그대가 이 거대한 섭리[174]를 모르고 있다 해도, 선한 통치자가 이 우주를 관장하고 있으므로, 만사가 올바로 처리되고 있다는 것을 의심하지 말게나."

시 V

만약 어느 사람이 대각성(大角星)의 별들이 어떻게
하늘의 축 옆으로 미끄러지는지를 알지 못한다면,
또는 왜 목자자리[175]가 북두칠성을 천천히 따르고 있고,
그의 화염을 그처럼 늦게 바다에 가라앉히고,

---

174 원문이 'tanta dispositio 기대한 배제(配劑)' 즉 섭리가 모든 것을 잘 배분한다는 의미.

175 원문의 'Bootes 목자자리' 성좌의 주성(主星)은 'Arcturus 대각성(大角星)'임. 원문의 'plaustra 짐마차들'은 북두칠성을 가리키는데, 그 별 하나 하나를 마차로 본 것임.

반면 그처럼 일찍 솟아오르는지를 모른다면,[176]

그는 높은 하늘의 법칙에 놀라고 말 것이네.

만월(滿月)의 뿔들이 두터운 밤의 그림자로

어두워져 창백하게 되도록 내버려 두라,

그러면 그렇게 어두워진 달님이 빛나는 얼굴로

가렸던 별들을 다시 발견하게 하라.

보통 사람들의 오류는 온 국민의 마음을 흔들어 놓아

끊임없는 두들김으로 인해 구리가 다 닳는구나.[177]

휘몰아치는 북서풍이 우르르 구르는 파도를 일으키며

해변을 내리쳐도 아무도 이상히 여기지 않네,

또는 얼어붙었던 눈의 무게가

포이보스의 작열하는 뜨거움으로 녹아내려도 말이네.

정녕 여기서 원인들을 깨닫는 것은 쉬우니 말이네,

한편 저기서는 그것들이 숨겨져 있어 혼란스럽게 하네.

시간이 아주 드물게 드러내는 모든 것들은

또 기대치 않던 것들은 격하기 쉬운 군중을 놀라게 하네.

무식의 구름에 사로잡힌 오류는 물러가게 하고,

곧바로 그들이 놀라워하지 말도록 할지어다.

---

176 북극에 위치한 별들은 남쪽에 위치한 별들 보다 더 일찍 솟아오르고 더 늦게
진다고 함.

177 옛 희랍인들은 천문학적 지식을 소유하고 있어, 탈레스(Thales) 같은 철학
자는 월식을 예측하기도 했다고 하나, 로마인들은 대체로 무식해서, 월식이 되면
징과 나팔로 소음을 내어 악귀를 쫓아내고자 하였다고 함.

산문 VI

"그러하군요." 내가 말했다, "하지만 감추어진 것들의 원인들을 해명하고 안개에 가려진 설명들을 전개하는 것이 그대의 직분인 고로, 나는 그대가 이것으로부터 어떤 결론들을 끌어낼지 설명해 주기를 그대에게 간청해요. 왜 그런가 하면, 내가 언급한 수수께끼 같은 것이 나의 마음을 매우 혼란스럽게 만들고 있으니까요."

그때 그녀는 잠시 미소 지으며 말했다, "그대는 탐구하는 것들 가운데 가장 어려운 것을 논의하라고 나에게 권유하고 있네, 또 성격상 아무리 철저한 담론을 펼치더라도 그 자리에선 휘드라[178] 물뱀의 머리들처럼 다른 것들이 무수히 떠오른다네. 거기에 우리 마음의 가장 강렬한 화염으로 그것을 진압하지 못한다면, 의문들은 끝이 없을 것이네. 그도 그럴 것이 이 화두(話頭) 아래서 내가 문의하고자 하는 것은 섭리의 유일(唯一)함, 운명의 진로, 기회의 돌연성, 신의 지식과 예정, 그리고 의지의 자유에 관해서이네, ― 그리고 그대는 이 사항들이 얼마나 막중한 문제들인지를 잘 알고 있겠지. 그런데 말이네, 우리가 협소하게 제한된 시간 내에 한정되어 있다 해도, 그대가 이런 사항들도 아는 것이 그대가 받는 치유의 일정 부분이기에, 우리는 그것들을 어느 정도까지 논의하고자 애쓸 것이네. 그러나 만약

---

178 '휘드라 hydra'는 헤라클레스가 퇴치한 머리가 아홉인 물뱀으로 머리 하나를 자르면 머리 둘이 돋아났다고 함.

음악과 노래의 기쁨들이 그대에게 즐거움을 준다 해도, 내가 그대를 위해 서로 연관된 논증들을 타당한 질서 속에서 짜 나가는 동안에 잠시 그대는 이 쾌락을 연기해야 하네."

"좋으실 대로 하세요," 내가 말했다.

그 다음 마치 새로운 출발점에서 시작하는 듯이 그녀는 이런 식으로 논의를 전개했다. "만물의 생성, 가변적인 자연계의 각각의 발달, 또 어떤 방식으로든지 움직이는 것 ― 이 모든 것들에 이것들의 원인들, 질서, 형태들이 신성한 마음의 불변성으로부터 주어지는 것이네. 자기 자신의 단일성의 요새 안에 확고히 자리 잡은 이 마음은 만물이 처신하는 바의 다양한 양태(樣態)를 수립하였네. 그리고 이 양태는 신적인 지능의 전적인 순수성 속에서 숙고될 때, 섭리라고 불리어졌네. 그렇지만 신적인 지능이 움직임과 배열 속에 놓은 것을 언급할 때는, 고대인들에 의해 운명(또는 숙명)이라고 불리어졌네. 이 두 개념이 다르다는 것은, 만약 우리가 마음속으로 각자의 힘을 고려한다면, 이내 명백해질 것이네. 정녕 섭리는 만물의 지고하신 주재자(主宰者) 속에 수립된 신적(神的) 이성 그 자체, 즉 존재하는 모든 것을 배치 또는 배제(配劑)하는 이성(理性)이네. 그러나 숙명은 움직이는 만물에 내재하는 한 성향(性向)인데, 그것을 통해 섭리는 모든 것들을 함께 결부시키는 것이고, 그리하여 각자는 자신의 순서와 질서 속에 놓여 있는 것이네. 그도 그럴 것이, 섭리는 모든 것들이 서로 다르고 수도 없이 많지만, 그것들을 동등하게 끌어안고 있는 것이네. 그런데 숙명은 분리된 것들을 그들의 운동에 따라 정리하네, 즉 장소, 형태, 시간에 따라 배제(配劑)하는 것이네. 그리하여 신적 마음의 선견 속에 통합된 시간적 질서의 전개 과정이 섭리이고, 그 같은 통일성이 특정한 시간 속에서 배제(配劑)되고 전개되는 것이 숙명이라고 일컬어지네.

이제 이 개념들은 다르지만, 그들은 서로 의지하고 있네. 그도 그럴 것이 숙명의 순서와 질서는 섭리의 단순성으로부터 출발하네. 장인(匠人)은 먼저 마음속에서 만들고자 하는 것의 형태를 품은 다음 작업을 실천에 옮기고, 그가 먼저 단순하고 즉각적 양태로 구상(構想)하였던 것을 시간적 순서와 질서 속에서 단계적으로 생산해 내듯이, 바로 이런 식으로 신(神)은 섭리에 의해 단순하고 불변하는 방식으로 행해져야 할 것을 배제(配劑)하지만, 숙명에 의해 그가 배제한 그와 같은 것들을 다양하고 시간적인 방식으로 성취하는 것이네. 이제 숙명이 섭리의 하인들로 행동하는 신적인 정령들에 의해 작동되는 것인지, 또는 숙명의 과정이 영혼 또는 자연 전체의 봉사에 의해, 혹은 천상의 별들의 운행들에 의해, 혹은 천사들의 힘이나 또는 악귀(惡鬼)들의 독창성에 의해, 혹은 이 모든 것들 중의 어느 하나에 의해 또는 전체에 의해, 짜여지는 것인지 알 수 없겠지만, 이것은 확실히 명백하네, 즉 만사가 행해지는 바의 부동(不動)하고 단순한 형식이 섭리이고, 숙명은 신적 단순성이 이루어지도록 배제(配劑)한 사물들의 가동(可動)적 섞어 짜기이며 시간적 배열이라는 것이네.

그러니까 숙명 아래에 놓인 모든 것들은 또한 섭리에 속해 있는 것이고, 숙명 그 자체도 섭리에 종속되어 있는 것이네. 그런데 섭리 아래에 놓여 있는 어떤 것들은 숙명의 과정 위에 있네. 이것들은 으뜸되는 신성 가까이에 부동(不動)하게 고정해 있는 것들이고 그리하여 숙명의 유동적(流動的) 본성의 배열 너머에 있네. 정녕, 그 같은 중심을 돌고 있는 여러 천체(天體)들 가운데서 가장 내면에 있는 구체(球體)가 중앙의 단순성에 근접하고 그 밖에 위치한 것들에 대해 일종의 추축(樞軸)이 되고 있고, 그다른 것들은 그것의 주위를 돌고 있는 것이지. 그런데 가장 밖에 있는 것은 더 큰 원주(圓周)를 그리며 돌고 있는데, 그것이 중심점의 불분할성(不分割性)으로부터 더 멀리 떨어져 있으면, 그것이 여행하는 공간은 더 넓게 퍼져 있는 것이네. 그리고 만약 어느 것이 중심부와 합치되어 있거나 연관되어 있으면, 그것은 후자의 단순성 속으로 거두어들여지게 되고 그 자신을 펼치고 발산(發散)하기를 중지하네. 유사한 방식으로 주된 마음으로부터 가장 멀리 분리되어져 있는 것은 숙명의 보다 촘촘한 그물에 뒤엉켜 있는 것이네, 그리고 어느 것이 모든 것들의 중심을 향해 더 가까이 가면 갈수록, 그것은 숙명으로부터 그만치 더 자유로워지는 것이네. 그리고 그것이 운동을 탈피한, 천상의 마음에 꼭 붙어 있게 된다면, 그것은 숙명의 필연성 또한 넘어서게 되는 것이네. 그렇기 때문에 추리가 이해와, 생성이 존재와, 또 시간이 영원과, 또 원주(圓周)가 중심점과 관계 맺듯이, 그처럼 숙명의 유동적 과정은 섭리의 부동의 중심과 관계 맺는 것이네. 이 과정의 결과가 하늘과 별들을 움직이고, 원소들을 비례에 맞게 서로서로 혼합하여 하나를 다른 것으로 변화시키고. 태어나고 죽는 모든 것들을 자기 자신들과 닮은 후손과 씨앗을 통해 갱생시킨다네. 또한 그것은 인간들의 행위들과 운수(運數)들을 깨뜨릴 수 없는 원인들의 사슬 속에 얽매어 놓네, 이 원인들의 사슬은 부동(不動)의 섭리 안에 있는 단초로부터 출발하는 고로, 그것들 자체[행위들과 운수들]가 불변의 것임이 틀림없다네. 만약 신적 마음에 거하는 단순성이 원인들의 휘지 않는 질서를 생산해 낸다면, 정녕 사물들은 가장 좋은 방식으로 지배되는 것이네, 그리고 이 질서는 자체의 불가변성 안에다 가변적이고 자칫하면 멋대로 유출(流出)되기 쉬운 것들을 속박하여 놓는다네.

그렇게 해서, 모든 것들이 그대들에게 혼란스럽고 무질서하게 보일지 몰라도, — 그대들이 이 질서를 고려한다는 것이 결코 쉽지 않은 것이니까, — 그럼에도 불구하고 그것들의 척도(尺度)는 좋음(善)을 지향(指向)하며 모든 것들을 그렇게 배제(配劑)한다네. 그도 그럴 것이 악인들조차도 스스로 악을 위해 저지르는 일은 하나도 없네. 아주 충분히 증명되었다시피, 좋은 것을 추구하는 그들을 어떤 빙퉁그러진 실수가 탈선시키는 거네. 더욱이나 그 지고의 좋음의 중추로부터 출발하는 질서가 시초에서부터 아무 방향으로나 이탈하는 것은 전혀 아니네.

그러나 그대는 묻겠지, 선한 사람들에게 일들이 나쁘고 좋게 양쪽으로 일어나고, 또 악한 이들에게도 갈망되어지는 일과

혐오스러운 일 양쪽 다 일어나는 사태보다 더 불공정한 혼란이 또 어디에 있겠어요? 그렇다면 사람들은 정말 이런 이해의 건전성 ― 그들이 선하거나 악하다고 판정한 이들이 정말 필연적으로 그들이 생각하는 그대로일까? ― 을 가지고 살아가는 것일까? 그러나 이 문제에 있어서 사람들의 판단들은 상충(相衝)하네, 그리하여 같은 사람들을 놓고 어떤 이들은 보상받을 자격이 있다고, 또 다른 이들은 벌을 받을 자격이 있다고 판단하는 것이네.[179]

그러나 이제 우리는 선한 이들을 악한 이들로부터 식별할 수 있는 어떤 사람이 있다고 가정하고 얘기를 해보세. 그러니까 그가 신체에 대해 언급하듯이, 정말로 사람들 마음의 '내면적 기질'을 파악하고 이해할 수 있는가? 정녕 그 경우는 어느 무식한 사람이 건강한 신체들 중에서 어떤 신체들은 단 음식들을, 다른 신체들은 쓴 음식들을 왜 잘 받아들이는지를 의문시하는 경우와 그리 다르지 않네. 혹은 다시 얘기해 보자면, 왜 아픈 이들 중에서, 어떤 사람들은 부드러운 의약들한테서, 다

---

179 이 책의 저자인 박식한 보에티우스는 그 자신 엄청난 박해를 받아가며 수감 생활을 하면서 이 책을 쓰고 있는데, 이제 철학녀의 입을 통해 그 섭리의 정당성을 설명해야 하는 단계에 이르러, 그의 정치 사회적 경험, 독서를 통한 지식, 여러 문헌에 나온 정보들을 총 동원하여, 그 섭리 ― 본 논의에서는 약을 조제하듯 만물을 적절히 조치한다는 '배제(配劑)' ― 의 의미를 짚어 가고 있음. 독일의 신학자로 출발했던 헤겔은 철학을 섭리의 한 양태로 보고 그 변증법적 단계적 발전 과정을 '예술을 통한 직관, 종교를 통한 믿음, 학문을 통한 지식'으로 파악했고, 역사의 여러 불합리성을 상쇄하는 현상(現象)으로서는 '역사에서 작용하는 이성(理性)의 간지(奸智, die List der Vernunft)'를 제시하였음을 참조.

른 사람들은 훨씬 쓴 의약들한테서 도움을 받는 것인가? 그러
나 건강 자체와 병의 양태와 기질을 식별하는 의사는 그런 것
을 조금도 이상히 여기지 않네. 자, 그대는 마음의 건강이 선함
의외에, 또 마음의 병이 악덕들 이외에 무엇이라고 생각하는
가? 또 좋은 것들을 보존하고 악들을 제거하는 이가 마음들의
지배자이시고 치유(治癒)자이신 신 이외에 그 누구이겠는가? 그
가 섭리의 높디높은 망루에서 내다보시는 때, 그는 각 개인에
게 적합한 것이 무엇인지를 굽어보시고 그가 아는바 적합한 것
을 마련한다네. 여기서 이제 운명의 배열(配列)이라는 그 기막힌
기적이 일어나는 것인데, 주지(周知)하시는 분에 의해 행해지는
그런 일들을 보고 무식한 사람들은 놀라워하는 것이네.

　　정녕, 신(神)의 깊이를 이해하기 위해 인간적 이성이 파악할
수 있는 몇 예들을 들어보자면, 그대가 가장 공정하고 정의의
가장 위대한 보존자라고 생각하고 있는 그 사람의 경우[180]에,
모든 것을 알고 있는 섭리에게는 전혀 달리 보인다네. 그리고
우리의 친근한 급우(級友) 루카누스[181]는 승자의 대의는 신들에

180　이 구절은 트로이의 영웅 리페우스(Rhipeus)의 묘사에 해당하는데, 베르길
리우스(Vergilius)의 민족 서사시《아이네이스 Aeneis》, 2 426 이하 참조.

181　원문 'familiaris noster 우리의 친근한 동료'로 호칭되는 루카누스
(Lucanus)는 냉철했던 금욕주의자로 철학의 여신과 호흡이 맞음. 그가 쓴 평론
서《Pharsalia 파르살로스 수상(隨想)》, I 128: "victrix causa deis placuit, sed victa
Catoni. 승리의 정당 사유는 신들에게, 패배의 정당 사유는 카토에게 호감을 주었
다." 원로원 파였고 금욕주의자였던 카토는 공화주의를 지지했던 폼페이우스가
카이사르에게 패하자 자살하였음.

게, 패자의 대의는 카토에게 기쁨을 주었다고 암시하고 있네. 그러니까 그대가 여기서 기대에 어긋나게 일어나는 것이라고 보고 있는 것은 무엇이든, 그것이 그대의 견해로선 빙퉁그러진 혼란이라 하여도, 실제로는 참말로 옳은 질서인 것이네. 그런데 여기 아주 좋은 체격과 행실을 갖춘 어떤 사람이 있는데, 그에 대해 신과 인간들의 판단이 일치한다고 가정해 보게. 그러나 그는 마음의 힘에 있어서는 약하네. 만약 어떤 불운한 일이 그에게 닥치게 되면, 그는 아마도 그의 천진함을 더 이상 보존하지 못할 걸세. 왜냐하면 그는 그의 천진한 방법으로는 그의 행운 즉 재산을 지킬 수 없기 때문이지. 그리하여 한 현명한 배제(配劑)는 역경이 더 나쁘게 만들 수 있는 그를 면제해주네. 즉 그에게 적합하지 않은 것이 그에게 상처로 남아서는 안 되니까 말이네. 모든 덕들에서 완벽한 또 어떤 사람이 있는데, 신에 가까운 신성한 사람이지. 그가 어떠한 역경에 조금이라도 시달리는 것을 섭리는 지금까지 어처구니없다고 판단하여, 그가 어떤 신체의 병들에 시달리는 것도 허용하지 않는다네. 정녕 나 자신보다도 훌륭한 어느 분이 말한 것같이 말이네.

신성한 사람의 육체는 에테르로 지어졌네.[182]

---

[182] 원문의 희랍어 문장은 출처가 불분명하고 원문 해독에 있어서도 '하늘 αἰθέρες' 대신 '덕(德) ἀρετές'으로 읽는 경우도 여러 번 있어 다소 문제가 될 수 있어도 전체적 의미는 별로 큰 차이 없이 이해되고 있음. 철학의 여신이 '자기보다 훌륭한' 출처라고 언급한 것을 보면, 그것이 신플라톤주의자들이 신성시한 칼데아(Chaldea, 페르시아 만의 고대 소국가) 지방의 신탁 문구(Oraculum)에서 유

그러나 사무들을 관장하는 최고의 직책이 선한 사람들에게
주어져 번성하는 사악함이 퇴치되는 경우도 가끔 생긴다네. 다
른 이들에게 섭리는 그들 마음의 질에 따라 행운과 불운을 혼
합하여 부여하네. 섭리는 어떤 이들을 애태우게도 하여, 그들
이 지나치게 승승장구하지 못하도록 함이네. 그것은 또한 어떤
이들을 골탕을 먹게 하여, 마음의 덕들이 인내를 사용하고 실
천해 봄으로써 강화되도록 함이네. 어떤 사람들은 그들이 견딜
수 있는 것을 지나치게 두려워하는가 하면, 또 다른 사람들은
그들이 할 수 없는 것을 지나치게 깔본다네, — 섭리는 이들을,
자신을 시험해 보도록, 거칠게 다루며 이끌어 가네. 어떤 이들
은 영광스러운 죽음이라는 대가를 지불하여 이 현세에서 존경
받는 이름을 샀네. 다른 이들은, 그들이 받는 고통들에 꺾이지
않고 버티면서, 덕은 악에 의해 꺾이지 않는다는 한 본보기를
여타의 사람들에게 보여주었네. 그리고 이런 일들이 얼마나 올
바르게 또 어떤 선(善)한 질서 속에서 이루어지고, 또 그것들을
치루는 사람들의 복지와 얼마나 조화(調和)가 이루어지는가에
대해선 조금도 의심의 여지가 없네. 또한 이 문제, 즉 사악한 이
들이 어떤 때는 혹독하게 취급되고 또 어떤 때는 그들의 욕망
들을 성취한다는 것도 이와 같은 원인들에서 출발한다네. 그들
을 혹독하게 취급하는 것을 아무도 이상히 여기지 않는데, 그
것은 모든 사람들이 이들이 나쁜 대접을 받는 것이 싸다고 생

래되었다고도 추정됨.

각하기 때문이네. ― 그리고 그들의 고통들은 여타의 사람들을 범죄로부터 멀리하게 하고 또 고통을 겪는 사람들을 교정(矯正)시켜 주네. ― 그런데 그들의 즐거운 행운은 선한 사람들이 들어야 할 커다란 논거 하나를 부여해 주네, 즉 그들은, 그들이 지켜보는 바, 가끔 사악한 자들에게 떨어지는 행운을 어떻게 판단해야 하느냐는 것이네. 나는 이 문제에 있어서도 조제(調劑)가 작용한다고 생각하네, 즉 어떤 사람이 있는데, 그의 천성이 아주 고집 세고 무례해서 재산의 결핍은 그로 하여금 범죄를 저지르도록 유도(誘導)할 판이네. 그래서 섭리는 그의 병을 이 구제책으로, 즉 돈을 공급해줌으로써, 치유하는 것이네. 어떤 사람은, 그의 비행(卑行)들로 더럽혀진 자신의 양심을 바라보면서 또 자신의 성격을 그의 행운과 비교하면서, 두려운 마음이 생기는데, 그것은 아마도 그가 즐겁게 향유하고 있는 것을 상실하면 어떻게 하나 하는 것이었네. 그래서 그는 행동을 고쳐 보려고 하네. 그래서 그는 행운을 잃어버릴까봐 두려워하는 동안, 악덕을 던져버리네. 다른 이들은 번성한 재산을 무가치하게 낭비하고서 의당히 재앙에 직면했네. 어떤 사람들에게는 다른 이들을 벌하는 권리가 주어져 있는데, 그렇게 해서 그것이 선한 이들을 단련시키고 나쁜 이들을 징벌하는 계기가 되게 함이네. 정녕, 정직하고 부정직한 사람들 사이에 어떤 계약이 맺어지지 않은 것같이, 부정직한 사람들 사이에서는 동의를 구할 수 없다네. 각자가 자기 자신과도 의견의 일치를 이루지 못하고, 또 그들의 악(惡)들이 그들의 양심들을 갈기갈기 찢어 놓는 판에, 어떻게 그들이 의견의 일치를 이룩하겠는가? 하물며 그들은 가끔 어떤 일들을 저지르는데, 그것들을 저질러 놓고는 그렇게 하지 않았으면 하고 바라는 것이네.

　그리고 가끔 지고한 섭리는 이 모든 것으로부터 주목할 만한 한 기적을, 즉 악한 사람들이 악한 사람들을 선(善)하게 만드는 일을 산출(産出)해낸다네. 왜 그런가 하면, 그들 중 어떤 사람들은, 훨씬 더 악한 자들의 손에서 부정(不正)한 짓을 당하고 있다고 생각하여, 자신들에게 해를 입히는 자들에 대한 분노로 불타올라, 자신들이 증오하는 자들과 달리 되고자 애쓰면서 전향(轉向)하여 오히려 덕을 풍성하게 하는 것이네. 신(神)은 악들을 적절히 사용하여 결과적으로는 어떤 선을 이끌어내기 때문에, 악들조차 신성(神性)에게만은 선한 것이네. 정녕, 어떤 확고한 질서가 만물을 감싸고 있어, 어떤 것이 처음에 속한 질서의 통제로부터 어떤 다른 상태로 빠져든다 해도, 그것 또한 질서이기 때문에, 그 어떠한 것도 섭리의 통치 영역에서는 우연에 맡겨지는 법이 없다네.

'이 모든 것에 대해 천상의 신인 양 얘기하는 것이 무척 힘드네.'[183]

　왜 그런가 하면, 한 인간에게는 신의 작업의 모든 장치들을

183　호메로스에게서 직접 따온 인용문,《일리아스》xii. 176. 보에티우스가 플라톤과 아리스토텔레스는 말할 것도 없고 고대 희랍 문헌 전체에 걸쳐 얼마나 박식했던가를 보여주는 좋은 예.

인간의 능력으로 포괄적으로 이해한다든가 또는 말로 표현하는 것은 허용되어 있지 않네. 다음을 감지(感知)한 것만으로도 충족하다고 생각하게. 즉 만물의 조물주이신 신(神)은 만물(萬物)이 좋음(善)으로 향하도록 배제(配劑)하시고, 자신과 같은 형상으로 지으신 것들을 보유하는 데에 민첩하신 반면, 숙명의 필연적 과정을 통해 모든 악을 그의 나라의 경계 내부로부터 제거한다네. 그렇게 해서, 만약 그대가 모든 것들을 조제하는 섭리의 과정을 바라본다면, 이 세상에 그처럼 광범위하게 확산되어 있다고 생각되는 악은 어디에도 없다고 판단할 것이네. 그런데 내가 이제 보아하니, 그대는 벌써 오랫동안 이 질의의 무게를 버거워하고 있고 이 긴 논거로 말미암아 지쳐 있어 어떤 감미로운 시구(詩句)를 기다리고 있네. 자, 음료수 한 잔 죽 들이키고 기분 전환하여 보다 굳건히 계속 나아가도록 하게."

시 VI

만약 명민한 그대가 고매한 뇌신(雷神)의 법칙들을
식별하기를 원한다면,
저 최상층 하늘 위를 올려다보게.
거기에서 별들은 옛적부터의 평화를
우주의 공정한 결속 속에서 견지하고 있다네.
태양은 그의 붉게 이글거리는 화염으로
달의 차가운 수레를 억류하지 않는다네.

또는 우주의 가장 높은 축(軸)을

잽싸게 회전하는 큰곰자리별은

결코 서쪽 깊이 기울이는 법이 없어,[184]

그가 다른 별들이 가라앉는 것을 보기도 하지만,

그의 화염을 대양의 파도들 속에 담그기를 원치 않는구나.

언제나 시간의 공정한 교환으로

어둠별은 늦게 밤의 그늘을 선포하고

샛별은 온화한 낮의 빛을 다시 가져오네.

그리하여 상호간의 사랑은 영원한 운동들을 갱신하고,

그리하여 저 별들이 흩뿌려진 영역들로부터

불협화의 전쟁은 추방되어 있네.

화합은 이 원소들을 동등한 척도로

규제하고 있어 싸우는 습기는

차례에 따라 건조함에 자리를 내어주고,

추위는 화염과 신뢰를 구축하네.

늘어뜨리는 불은 높이 솟아오르고,

무거운 대지(大地)는 그의 무게로 내려앉는다네.

이런 원인들에 의해 봄의 따스함 속에서

꽃피는 계절은 그것의 사랑스러운 향기들을 뿜어내고,

---

184 원문 'numquam occiduo lota profundo 결코 깊은 서쪽에서 자신을 적시지 않는 그녀'에서 'lota'는 희귀어(hapax legomenon)인데, 동사 'lauo 씻다'의 과거분사 'lavatum' 또는 'lautum'에서 유래한다고 하며, 여기서는 여성 단수 명사임.

더운 여름은 곡식을 익히고,

가을은 무거운 과일들을 지고 돌아온다네.

또 내리는 비는 겨울 땅을 촉촉하게 해준다네.

이 지당한 균형이 지상에서 생명의 숨을 쉬는

모든 것들을 육성하고 생성하는 것이라네.

그리고 그 같은 질서는 그들을 움켜잡고

그들을 저리로 지고 가서 숨겨 버리니,

태어난 모든 것을 그것의 종말에 묻어버리는 것이네.

창조주는 저 높이 앉아 계시며,

우주를 관장하며 그것의 고삐를 조정하도다.

그들의 왕이며 군주이고, 원천이고 시작이며,

그들의 법이며 또 그들의 권리를 숙지하고 있는 심판관이어라.

그는 그들을 자극하여 움직이게 하는가 하면, 뒤로 잡아끌어 당기기도 하고

또 그들의 방황을 정지시키기도 한다네.

정녕, 만약 그가 강제로 그들로 하여금 그들의 주기(週期)들을 다시 한 번

돌게 하면서 그들의 올바른 궤도로 다시 부르지 않는다면,

지금 안정된 질서가 그처럼 꼭 쥐고 있는 모든 것이 떨어져 나가고

산산조각이 나 그들의 기원(起源)으로부터 떨어져 나갈 것이네.

이것은 만물에 공통으로 작용하는 사랑이고,

그들은 그들의 궁극의 목적인 좋음(善)에 의해 얽매이고자 하네.

그도 그럴 것이, 만약 그들에게 존재를 부여한 원인들이

응답하는 사랑에 힘입어 다시 회귀하지 않는다면,

그들은 다른 방식으로는 지속하지 못할 것이네.

산문 VII

"그대는 이제 우리가 지금까지 말해 온 이 모든 것들로부터 무엇이 귀결되는지 알겠는가?"

"무엇인데요?" 나는 물었다.

"모든 종류의 운수는," 그녀가 대답했다, "좋은 것이네."

"그러나 어떻게 그럴 수가 있죠?" 나는 물었다.

"다음을 주목하게," 그녀가 말했다, "모든 종류의 운수는, 즐겁든지 또는 견디기 어렵든지, 선한 이들을 보상하거나 훈련시키기 위해, 또는 악인들을 벌하거나 교정하기 위한 목적으로 부여되는 것이기에, 그것이 공정하고 유익하다고 동의가 되었으니, 모든 종류가 다 좋은 것이네."

"듣고 보니 그것은 참말로 아주 참된 추리(推理)이네요." 내가 말했다, "그리고 만약 내가 그대가 조금 전에 내게 가르쳐주신 섭리를 고려해 본다면, 나는 그것이 강하고 공고한 토대 위에 입각한 견해라는 것을 깨닫겠어요. 그러나 그대가 동의한다면, 우리는 그 항목을 그대가 조금 전에 생각해 볼 수 없는 것이라고 단정(斷定)했던 사물들 중에 포함시키기로 하죠."

"어떻게 그런 생각을 하나?" 그녀가 물었다.

"보통 사람들이 습관적으로 자주 하는 얘기가, 어떤 사람들은 운이 나쁘다고 하거든요."

"그러니까 그대는 우리가 잠시 동안 보통 사람들이 쓰는 용어들을 좀 참작해 보기를 원하는 거지? 우리가 말하자면 보통 사람들의 관습으로부터 너무 후퇴했다고 보인단 말이군."

"좋으실 대로 생각하세요," 내가 말했다.

"그렇다면 그대는 이익이 되는 것이 좋은 것이라고 판단하지 않는 겐가?"

"좋은 것이죠," 내가 말했다.

"그런데 훈련시키거나 교정하는 것은 이익이 되는 것인가?"

"그렇죠," 내가 말했다.

"그러니까 좋은 것이라는 거지?"

"어떻게 그렇지 않을 수가 있겠어요?"

"그런데 이 사항은 마음속에 덕이 확립된 사람들이 역경과 싸움을 하거나 또는 그들의 악덕들로부터 방향을 틀어 덕의 길을 택하는 사람들의 경우가 되겠네."

"나는 그것을 부인할 수 없어요," 내가 말했다.

"자, 이제 선한 사람들에게 보상으로 부여되는 즐거운 행운에 관해서는 어떻게들 얘기하지? 보통 사람들은 그것이 나쁘다고 판단하는가?"

"전혀 그렇지 않고, 그것이 참말로 그렇듯이, 보통 사람들 또한 그것을 아주 좋다고 판단하죠."

"그것이 견디기는 힘들겠지만, 악인들을 공정한 징벌로 속박하는 조치에 대해서는 무슨 말이 있는가? 사람들은 그것을 좋다고 생각하지 않는 거지, 그런가?"

"정말 그렇지 않죠," 내가 말했다, "그들은 그것이 생각해 볼 수 있는 것들 중 가장 비참한 것이라고 판단하죠."

"그러니까 이제 우리가 보통 사람들의 견해를 따라가면서 가장 놀라운 결론에 도달한 것이 아닌지 한번 살펴보게."

"무엇을요?" 나는 물었다.

"왜냐하면, 허용된 합의 사항들로부터," 그녀가 말했다, "참으로 마음속에 덕을 지니거나 또는 덕을 향해 진전을 이루거나, 아니면, 그것에 도달하려는 사람들의 운수는, 그것이 무엇이든 간에 다 좋은 것이고, 반면에 집요하게 사악함에 젖어 있는 자들에게는 모든 종류의 운수는 아주 나쁘다는 것이 귀결되었네."

"그것은 진실이에요," 내가 말했다, "아무도 그것을 감히 인정하려 하지 않는다 해도요."

"그러니까," 그녀가 말했다, "현명한 사람은, 운수와 충돌을 빚을 때마다, 그것을 나쁘게 받아들여서는 안 된다는 말이네. 마치 용감한 사람이 전쟁의 소음이 터져 나올 때마다 초조해하는 것이 품격에 어울리지 않듯이 말이네.[185] 왜냐하면, 이들의 각각에게 어려움 자체는 계기가 되기 때문이네, 즉 후자의 경우엔 그의 영광을 위해, 전자의 경우엔 그의 지혜를 위해. 그리고 덕은 그 자체의 힘에 의존하고 역경에 의해 정복되지 않

---

185 고대 희랍 시대부터 용맹과 덕은 동의어로 쓰여 왔음: ἀρετή, virtus '용맹, 덕'은 둘 다 ἀνήρ, vir, 남자'라는 단어에 뿌리를 두고 있음.

는다는 이유로 인해, 참으로 번쩍이는[186] 것이네. 그도 그럴 것이 상당 기간 동안 덕을 연마한 그대들은 이제 와서 사치에 푹 빠지거나 환락에 젖어 기력을 시들시들 잃어가지는 않네. 불운이 그대들을 억압하거나 즐거운 행운이 그대들을 부패시키지 못하도록, 모든 종류의 운수와의 쓰라린 정신적 싸움에 휘말려 있네. 견고한 힘을 발휘하여 중앙을 지키게. 중앙 밑에 남아 있거나 그것을 뛰어 넘는 것은, 그것이 무엇이든지 간에, 선한 운수를 경멸하는 것이고, 노력한 만큼의 보상을 받지 못하는 것이네.[187] 정녕, 그대들이 무슨 종류의 운수를 그대 자신들을 위해 선호하든지 간에, 그것은 그대들의 수중에 달려 있네. 그도 그럴 것이, 거스르게 보이는 모든 운수는, 단련을 시키거나 교정하는 것이 아니라면, 벌을 내리게 되어 있으니까 말이네."

시 VII

십년 간 전쟁하고서 아트레우스의
복수심에 불타오른 아들은 프리기아의 몰락과 더불어
그의 동생의 더럽혀진 침상에 대해 복수 했다네.[188]

---

186 원문의 'nitens, 번쩍이는, 매혹적'. 이 형용사는 전쟁터에서의 '용맹' 같은 기상(氣像)을 덕에게 부여하고 있음.

187 우리 속담에 '분수에 맞게 살라'는 것이 연상됨.

188 호메로스의 서사시의 배경이 되고 또 여러 고대 희랍과 로마의 저자들에 의해서 다루어진 신화적 인물들이 세 폭의 연속 그림같이 펼쳐진 시로, 등장인물

그는, 희랍 함대가 출범하기를 원하고

피의 대가로 해풍을 사고 마는 때,

부성(父性)을 상실하고, 엄격히 신부(神父)로서

딸의 목을 내주는 계약을 맺네, ― 가엾은 소녀로다.

이타카(Ithaka)의 오뒤세우스는 잃어버린 동료들로 인해 울었고,

동료들을 야만적 폴리페모스(Polyphemus)는 거대한 동굴에 누워

거대한 배 속으로 집어 삼켰었네.

그럼에도 외눈박이가 지진 눈이 멀어 미쳐 날뛰니,

그의 쓰디쓴 눈물에 대한 기쁨의 보답이었어라.

혹독한 노역(勞役)들이 헤라클레스의 명성을 이루는구나.

그는 주제넘은 켄타우로스들을 길들였고,

사나운 사자로부터 전리품을 빼앗아 왔고.[189]

들에 대한 간단한 소개가 필요하다고 사료됨. 아트레우스(Atreus)는 아가멤논
(Agamemnon)과 메넬라우스(Menelaus)의 아버지이고, 아가멤논은 희랍 원정군
의 총사령관으로 동생인 왕 메넬라우스의 복수를 하기 위해 전쟁을 지휘했고, 트
로이 왕국의 수도가 있는 프리기아를 점령하고 유괴되었던 헬레나(Helena)를 다
시 구원하여 전쟁은 끝났지만, 귀향길에 용장 오뒤세우스는 외눈박이 섬에 표류
했다가, 그의 부하들이 후자에게 먹힘을 당했던 것임. 아가멤논은 바람이 일지 않
아 보이티아(Boetia) 지방의 동부 해안 도시 아울리스(Aulis)에 정박해 있다가 아
르테미스(Artemis) 여신에게 그의 딸 이피게니아(Iphigenia)를 제물로 바치고 원
정을 떠날 수 있게 됨.

189 헤라클레스는 제우스(Zeus)와 알크메네(Alkmene) 사이의 아들로 태어나
힘이 장사여서 신들과 맞먹는 인간 영웅으로 칭송되었고, 그가 이룩한 열두 가지
의 노역(勞役)들로 그의 위력이 평가됨. 그는 한 마리 사자를 죽이고 그것의 머리
와 털가죽을 걸치고 다녔다 함. 켄타우로스들은 반인반마(半人半馬)들로, 그들 중
의 하나인 현자(賢者) 키론(Chiron)을 제외하고는, 횡포가 심했다 함.

악한 새들을 정확한 화살들로 관통하였네.[190]

그는 금 사과들을 감시하는 용(龍)으로부터

탈취했으니, 그의 왼손은 그것들을 잡아 아래로 쳐졌어라.[191]

그리고 세 개의 쇠사슬로 케르베로스를 황천에서 끌어올렸네.[192]

정복당한 가혹한 주인이 자신의 사나운 말들에게

어떻게 먹혔는지 하는 얘기가 들려오네.[193]

휘드라는 그의 독이 타버리자 죽었다네.[194]

강의 신령 아켈로스는 그의 뿔 없는 이마가 부끄러워

얼굴을 강 언덕들 밑에 숨겼다네.[195]

헤라클레스는 키가 큰 안타이오스를 리비아 사막에서 번쩍 들어 올

---

190 헤라클레스는 세 번째 노역으로 아르카디아의 스팀팔로스(Stymphalos) 호숫가에서 서식하며 인간들과 곡식에 엄청난 피해를 입힌 새들을 퇴치하였다고 함.

191 황금 사과나무를 지키는 용 라돈(Ladon)으로부터 과일들을 탈취했다고 함. 헤라클레스의 네 번째 노역에 해당함.

192 케르베로스(Cerberus)는 머리 셋 달린 지옥을 지키는 개. 다섯 번째 노역.

193 여섯 번째 노역으로 헤라클레스는 사람들을 잡아먹는 암말들을 퇴치하였는데, 그들의 주인인 디오메데스(Diomedes)를 먼저 죽였다고 함.

194 헤라클레스는 일곱 번째 노고로 머리가 아홉인 뱀 휘드라(Hydra)를 퇴치하였는데, 머리 하나를 자르면 둘이 돋아나기 때문에 목을 불태워 버림으로써 그 문제를 해결했음.

195 아켈로스(Achelous)와는 데이아네이라(Dēianeira)라는 소녀를 두고 싸움이 벌어졌는데, 그 강의 정령은 황소로 변신하여 헤라클레스를 공격하였으나, 적수가 되지 못하였고, 후자는 그의 뿔 하나를 꺾어 전자를 굴복시켰고, 그는 그 소녀와 결혼하였다고 함. 여덟 번째 노역.

렸다네.[196]

그리고 죽은 카쿠스가 에반더의 분노를 진정시켰다네.[197]

하늘의 높은 천체를 떠받칠 어깨에

성난 멧돼지가 거품을 흩뿌렸다네.[198]

그의 마지막 노고로 그는 목을 구부리지 않고

천체를 지탱했고, 마지막 노고에 대한

---

196 아홉 번째 노역으로 거인 안타이오스(Antaios)를 공중에 들어 올려 목 졸라 죽였다 함. 안타이오스는 포세이돈(Poseidon)과 가이아(Gaia) 사이에서 태어난 거인인데, 행인들과 강제로 씨름을 하여 그가 이기면, 뼈들로 한 신전의 지붕을 이었다고 하며, 단지 그의 힘을 땅과의 접촉으로부터 받았기 때문에, 헤라클레스는 그를 들어 올려 발이 땅에 닿지 못하도록 하고 그를 정복했다고 함.

197 헤라클레스가 알프스 이남 지역을 여행하고 있었을 때, 그는 아르카디아(Arcadia)에서 유배해 있던 에반드로스(Evander) 왕에 의해 잘 접대를 받고 그의 가축들을 돌보아주었는데, 그 지역의 패악한 괴물 목동 카쿠스(Cacus)에게 여러 가축을 도난당한 일이 생겨, 그 진상을 알아 낸 헤라클레스가 후자를 그가 숨어 있던 동굴에서 찾아 내 격투를 벌인 끝에 죽였다고 함. 이것은 헤라클레스의 네 번째 노고로 알려져 있기도 한데, 이 시에서는 열한 번째로 열거됨.

198 헤라클레스는 어깨로 천구(天球)를 떠받치고 있었던 아틀라스(Atlas)에게 헤스페리데스(Hesperides)들로부터 황금 열매를 받아오게 한 뒤, 천구를 떠받치는 역할을 대신하였다. 그러나 황금 열매를 가져온 아틀라스가 천구를 떠받치지 않으려 하자 헤라클레스는 아틀라스에게 그의 어깨에 받침을 대겠다며, 천구를 아틀라스가 한순간 다시 지게 한 후에, 그 과일들을 갖고 그 장소를 떠났다고 함. 열한 번째 노고로는 에뤼만토스(Erymanthus) 강가에서 행패를 일삼는 멧돼지를 잡아 오는 것이었는데, 헤라클레스는 괴성을 지르며 그것을 눈보라가 치는 계곡으로 내몰아 그것의 등에 올라타 잡은 후에, 사슬에 묶어 고향 도시 뮈케나(Mycenae)까지 가져 왔으나, 그것의 주인 에우뤼스테우스(Eurystheus)로부터 이렇다 할 훈령을 받지 못해, 그것을 시장가에 내려놓고서는 아르고(Argo) 선에 합류했다고 함.

보상으로 하늘을 받았네.

자, 그대들 용감한 자들이여, 이 거대한 본보기가

이끄는 길로 들어서라! 왜 나태하게 그대들은

비상(飛上)하며 뒤를 돌아보는가? 지상(地上)을 극복하면

별들의 보상이 그대들에게 있을지어다.

철학의 위안

제4권이 끝나고
제5권이 시작된다

산문 I

그녀는 말하기를 끝냈고, 어떤 다른 문제들을 다루고 설명하기
위하여 강론의 진행 방향을 바꾸려고 하였다. 그때 내가 말했
다. "그대의 권고는 참말로 옳고 그대의 권위에 아주 잘 어울려
요, 그런데 그대가 방금 섭리에 관해 얘기한 것 말인데요, 그것
이 다른 많은 문제들을 수반하는 문제였다는 것을 나는 경험을
통해 알고 있어요. 정녕, 나는 그대가 우연이라는 것 자체를 인
정하고 있는지 알기를 원하고, 그런 것이 있다면, 그 정체가 무
엇이겠어요?"

　"나는 서둘러서," 그녀가 대답했다, "나의 약속을 이행하며
그대가 그대의 고향으로 되돌아가게 될 길을 그대에게 열어주
려는 것이네. 그러나 이러한 것들은, 알아 두면 매우 유용한 것
이지만, 우리가 이미 내딛은 행로에서 조금 옆으로 빠져나가는

편이지, 그리고 그대가 옆길들을 따라 내려가다가 지치게 되면, 그대가 직행로의 종착지까지 지탱하지 못할 것 같은 두려움도 있네."

"정말이지," 내가 말했다, "그대가 그것을 두려워할 필요는 없어요. 내가 내 마음에 가장 즐겨 품고 있는 것들을 이해하는 것은 내게 휴식이나 다름없거든요. 동시에 모든 측면에서 그대의 논거는 의심할 바 없는 신빙성으로 감싸질 테니, 거기서 귀결되는 어떤 것도 의심스럽지 않겠죠."

"나는 그대의 소원을 들어 주겠네," 그녀는 그때 말했다, 그러고 나서 곧 이렇게 말문을 열었다. "만약 정말 어떤 사람이 우연을 어떤 인과관계가 아닌, 무작위 운동에 의해 발생한 하나의 사건이라고 정의하고자 한다면, 나는 우연은 아무것도 아니라고 주장할 것이네. 그리고 실재를 전혀 표시하지 못하는, 의미가 전적으로 결여된 한 단어일 뿐이라고 주장하겠네. 그도 그럴 것이, 신(神)이 만물을 질서 속에서 통제하는 형국에, 무작위(無作爲)가 들어설 자리가 있겠는가? 정녕, 무(無)는 무(無)로부터, 즉 어떠한 것도 없는 것으로부터는 나올 수 없다는 지론(持論)은 참된 견해이고, 이것을 어느 고대(古代)의 현인들도 문제삼지 않았네, 다만 그것을 창조적 원리가 아니라, 단지 자연에 종속된 물질에만 적용하여, 자연에 대한 모든 논거들의 토대인 양 주장했던 것이네. 그러나 어떤 것이 어떤 원인이 없이 출발하는 것이라면, 그것은 무(無)로부터 출발한 듯이 보일 것이네. 만약 이것이 성립할 수 없다면, 우리가 방금 얘기했던 그런 식의 우연은 있을 수가 없네."

"그렇다면 왜," 내가 말했다, "'우연' 또는 '뜻밖의 일'이라고 정당히 일컬어지는 것은 없습니까? 혹은 보통 사람들한테는 감추어져 있지만, 이런 명칭들이 해당되는 그 무엇이 있는 건가요?"

"나의 아리스토텔레스는," 그녀가 말했다, "그의 《자연학》[199]에서 그것을 아주 간략하고 진실에 가깝게 정의(定義)하고 있네."

"어떻게요?" 나는 물었다.

"만약 어떤 것이 어떤 주어진 목적을 위해 행해지는데, 무슨 이유에서인지 모르지만, 의도되었던 것과는 다른 것이 언제이든지 발생한다면, 이것이 우연이라 불리지. 예컨대 다음과 같은 거네, 어떤 사람이, 밭을 갈기 위해 땅을 파고 있는데, 묻혀 있는 상당한 양의 금을 발견하였다면, 이게 우연이지. 이것은 정말 우연히 일어났다고 믿어지는 거네. 그러나 그것은 무(無)로부터 일어나는 것은 아니네. 거기엔 그것에 고유한 여러 원인들이 섞여 있는데, 그것들이 예기치 않게 또 뜻밖에 함께 일어나서 어떤 우연적 사건을 만들어낸 것처럼 보이기 때문이네. 그도 그럴 것이, 만약 자기 밭을 갈고 있는 사람이 땅을 파고 있지 않았다면 또 거기에 묻어두었던 사람이 그의 돈을 그 특별한 장소에 숨겨놓지 않았더라면, 금은 발견되지 않았을 것

---

199 아리스토텔레스(Aristoteles), 《자연학 Physica》, ii. 4―5. 아리스토텔레스는 '우연'이나 '자연발생' 같은 현상들에 대해 상세히 설명하고 있음.

이네. 그러니까 이것들이 뜻밖에 생긴 이득의 원인들이고, 우연은 서로 맞아 떨어지는 원인들에 의해 생성된 것이지, 행위자의 의도에 의한 것이 아니네. 정녕, 금을 감추어둔 사람도 또 밭에서 작업을 한 사람도 돈이 발견되도록 의도한 것이 아니었고, 다만, 내가 말한 바와 같이, 한 사람이 그것을 감추어둔 곳에서 다른 사람이 우연히도 땅을 판 것이네. 그러니까 우리는 '우연'을 어떤 목적을 위해 행해지는 것들 가운데서 동시에 일어나는 원인들의 기대치 않았던 결과라고 정의해도 되겠네. 이제 원인들을 불가피한 연관성 속에서 동시에 일어나게 하고 합류시키는 질서, 이것은 섭리 안에 있는 원천으로부터 유래하며, 만물을 만물의 고유한 시간들과 장소들에서 배제(配劑)하는 것이네."

시 I

후퇴하는 자들이 등을 돌리며 추격자들의 가슴에 화살을
쏘아 붙이고 있는 아카이메네스[200] 절벽의 산등성이들로부터
티그리스 강과 유프라테스 강은 한 원천(源泉)에서 솟아나와,

---

200 아카이메네스(Achaemenes)는 페르시아 왕 퀴로스(Cyrus)의 조부(祖父)였고, 페르시아 인들이나 그 문물을 뜻하며 이미 호라티우스(Horatius)와 오비디우스(Ovidius)에 의하여 사용되었음. 특히 페르시아 병사들은 퇴각할 때 화살을 많이 쏘았기 때문에, 파르티아(Parthia) 화살이라고도 불림.

다음엔 헤어져 각자의 물길을 따르도다.[201]

만약 그것들이 다시 한 방향으로 합쳐져 함께 흐른다면,

각 물줄기가 지니고 있는 모든 물이 하나로 합치면,

그 강에 의해 찢겨진 나무 둥치들처럼 배들도 만나게 되고,

혼합된 물들은 우연한 물길들을 따라 굽이쳐 흐르겠건만.

그러나 이 우연한 방랑들을 바로 그 지방의 경사면들과

아래로 미끄러져 내리는 물줄기의 본성이 통제한다네.

그와 같이 고삐가 풀려 방황하는 것 같은 우연도

자체의 굴레를 견디어 내며 법에 따라 움직인다네.

산문 II

"나는 이것을 알겠네요," 내가 말했다, "그리고 나는 그것이 그대가 말한 그대로이라고 동의해요. 그러나 이 촘촘한 원인들 속에 우리 의지의 자유가 들어설 자리가 있나요, 혹은 이 운명의 사슬은 인간들의 마음의 운동까지도 얽매고 있는 것인가

---

201 보에티우스 생존 당시에는 티그리스 강과 유프라테스 강이 한 원천에서 시작한다는 믿음이 확산되어 있었음. 물론 헤로도토스(Herodotus) 등 그렇게 믿지 않는 사가(史家)도 있었지만, 보에티우스보다 약 1세기 후에 태어난 이시도로스(Isidoros)는 세빌리아의 박식한 대주교로 그의 수저《Etimologiae 어원문전》XII. xxi. 10에서 다름과 같이 말하고 있다. "Sallustius autem, auctor certissimus, asserit Tigrim et Euphraten uno fonte manare in Armenia. 그런데 저 저명한 저자 살루스티우스는 티그리스와 유프라테스가 아르메니아에 있는 한 원천에서 출발한다고 주장하고 있다."

요?"[202]

"자유는 있네," 그녀가 말했다, "만약 그 같은 본성이 의지의 자유를 소유하고 있지 않다면, 어떤 본성도 합리적일 수가 없을 것이네, 정녕, 본성적으로 이성(理性)을 사용할 수 있는 것은 판단 능력을 지니고 있고, 그로써 그것은 모든 것을 규정하는 것이네. 그래서 그것은 스스로 회피해야 될 것들과 소망(所望)되어져야 할 것들을 식별하는 걸세. 이제 사람은 소망한다고 판단하는 것을 반드시 추구하지만, 반드시 회피되어져야 한다고 생각하는 것들로부터는 달아나버리네. 그러니까 이성을 지니고 있는 이들은 자신들 속에 하고자 하는 또는 하고자 하지 않는 의지를 지니고 있네. 그러나 이 자유는, 내가 확신하건대, 모든 사람들의 마음속에서 동등한 것이 아니네. 정녕, 천상(天上)의 신적인 실체들은[203] 꿰뚫어보는 판단력, 어떤 부패되지 않는 의지, 그들이 소망하는 바를 이룩하는 능력을 갖추고 있네. 그러나 인간의 영혼들은 신적인 마음을 관조하면서 자신들을 보존할 때는 정말로 더 자유로운 것이 틀림없네. 하지만 그들이 육체적 차원으로 미끄러져 내려갈 때는 덜 자유롭고, 또

---

202 여기서 두 대화자는 '섭리', '질서', '우연' 같은 항목들에 이어 '자유의지'의 문제를 다루기 시작하는데, 이것은 철학적으로 의미심장한 개념으로 중세 철학에서부터 'arbitrium 독립적 판단력'으로 전래되어 오다가 20세기 중엽에 프랑스 철학자 앙리 베르그손(Henri Bergson)에 의해 'libre arbitre 자유 선택의 의지'라는 명칭으로 그의 생철학의 핵심 개념으로 부상(浮上)함.

203 이들은 플라톤이 말하는 그 '형상들의 세계'에 거주하는, 신체들로부터 해방된, 영혼들을 지칭함.

세속적 사지(四肢)들에 얽매일 때는 훨씬 덜 자유롭게 되네. 그러나 그들의 궁극적 예속(隷屬)은, 그들이 악에 물들어 그들에게 고유한 이성의 소유를 점차 상실할 때 일어나네. 정녕, 지고(至高)한 진실의 빛에서 그들의 시선을 저급하고 거무스름한 것들로 향해 내리깔았을 때, 그들은 곧 무지(無知)의 안개에 휩싸이게 되고, 파멸적 열정들에 의해 혼란스럽게 되네. 파멸적 열정들에 빠져들게 됨으로써 그들이 자초한 예속 상태를 강화하게 되어, 어느 면에서는 그들이 택한 방종(放縱)의 노예가 된다네. 그럼에도 이 모든 것을 영원으로부터 내다보고 있는 섭리의 시선은 이것을 직시하고 각자에게 예정되어 있는 모든 것을 그의 공과(功過)에 따라 배제(配劑)한다네."

시 II

순수한 빛으로 빛나는 포이보스가

'모든 것을 보고 모든 것을 듣고 있다고'

호메로스는 꿀처럼 감미로운 목소리로 노래하네.[204]

그러나 그 광선들의 빛을 가지고도, 너무 미약해서

그는 지구나 대양의 깊숙한 내면까지는

꿰뚫을 수 없다네.

하지만 지구의 땅덩어리도

---

204 《일리아스》, iii. 277을 볼 것.

만물을 그의 높은 망루에서 굽어보시는

그이를, 이 거대한 우주의 창조자를,

그렇게 막아서지는 못하는 것이고,

검은 구름을 지닌 야밤도 훼방하지 못한다네.

지금 있고, 지금까지 있어왔고, 또 도래할 모든 것을

그는 단번에 신속한 정신의 침투로 보고 있네.

그만이 모든 것을 굽어보고 있으니,

그를 그대는 진정한 태양이라고 부를 수 있겠네.

산문 III

그때 내가 말했다. "나는 다시 혼란스러워지는데, 한층 더 어려운 의문이 들어요."

"그것이 무엇인가?" 그녀가 물었다, "내게 말해 보게, 하긴 무엇이 그대를 괴롭히는지 벌써 짐작이 가네."

"내가 보기에는," 내가 말했다, "신이 모든 것을 미리 알고 있고 인간에게는 어떤 자유로운 의지가 있다는 것은 너무 상충(相衝)되고 모순되는 것 같아요. 왜 그런가 하면, 만약 신이 모든 것을 미리 보고 있고 어느 모로도 틀릴 수가 없다면, 신이 섭리 속에서 앞으로 일어날 것이라고 예지(豫知)하고 있는 것은 필연적으로 일어날 수밖에 없거든요. 그렇기 때문에, 만약 신이 모든 영원으로부터 사람들의 행위들뿐만 아니라 그들의 계획들과 욕망들까지도 예지하고 있다면, 자유의지란[205] 없을 거예요. 그도 그럴 것이, 거기에는 오류에 빠질 수 없는 섭리가 미리 감지하고 있는 것 외에 그 어떤 행위나 욕망이 발생한다는 것이 불가능할 테니까요 정녕, 만약 그들이 예견된 것과는 달리 어떤 사도(邪道)에 빠진다면, 그땐 미래에 대한 확고한 예지도 더 이상 없을 것이고, 다만 불확실한 견해만이 서성거릴 텐데, 나는 그것을 신과 관계 지어 믿는다는 것이 불경(不敬)하다고 판단해요.

왜 그런가 하면, 어떤 이들은 이 까다로운 문제를 그들 나름대로 해결할 수 있다고 믿는데, 나는 그들의 논거에 동의하지 않기 때문이죠. 즉 그들의 말에 의하면, 섭리가 어떤 일이 일어날 것이라고 미리 보았기 때문에 어떤 일이 일어나는 것은 아니라는 거죠! 그러니까 다소 반대 입장을 취해, 어떤 일이 일어나려고 하기 때문에, 그 사실이 신적인 섭리에 숨겨질 수 없다는 것이고, 이렇게 해서 필연성은 반대편으로 슬쩍 넘어가버리는 것이에요. 정녕, 그들은 말하죠, 예견된 것들이 일어나는 것이 필연적이 아니고, 일어나게 될 것들이 예견되는 것이 필연적이다고요. 정말 우리의 작업이 마치 무엇이 먼저인가, 즉 무엇이 무엇의 원인인가를 찾아내려는 듯이 말이죠, 즉 미래 사건들의 예지(豫知)가 필연성의 원인인가, 아니면 미래 사건들의

---

205   원문에는 'arbitrii libertas 독립적 판단의 자유'로 되어 있는데, 관례적 철학 용어인 '자유의지'로 대체했음.

필연성이 섭리의 원인인가 하는 거죠.[206] 그들은 모르겠지만, 우리는 진정 이것을 증명하려고 노력하고 있는 것이죠. 즉 원인들의 질서가 어떻게 구성되어 있는가는 무의미해도, 예지된 사물들의 결과는 필연적이라는 것이죠, 비록 예지가 미래의 사건들에 발생의 필연성을 부여하지 않는 것 같아도 말이지요.

그도 그럴 것이, 참말로 어느 한 사람이 앉아 있다면, 그가 앉아 있다고 생각하는 견해는 틀림없이 맞죠. 그리고 역으로, 만약 그가 앉아 있다고 하는 견해가 그 사람에 대해 올바르다면, 그가 앉아 있음이 틀림없어요. 이렇게 해서 두 경우 모두에 어떤 필연성이 있는 것이에요. 후자의 경우, 그가 앉아 있음이 틀림없어요, 그러나 전자의 경우엔, 견해가 맞는 것이 틀림없죠. 그러나 한 사람은, 그에 관한 견해가 옳기 때문에, 앉아 있는 것은 아니고, 오히려 어떤 사람이 앉아 있다는 사실이 먼저 일어났기 때문에, 그에 관한 견해가 옳은 것이죠. 그러니까 진리의 원인이 한쪽에서 발생한다 해도, 하나의 공통적 필연성이 두 경우 모두에 있는 것이에요.

명백히 똑같은 추리가 섭리와 미래의 사건들에 대해서도 성립하죠. 정녕, 그것들이 예견되는 이유가 그것들이 미래에 있을 사건들이기 때문이라 해도, 그것들은 예견되었다고 해서 일어나는 것은 아니죠. 그럼에도 불구하고, 사건들이 다가오고 있기 때문에 신에 의해서 필히 예견되어지거나, 아니면, 사

---

206 대화자는 '사건'이 먼저냐 또는 '선견(先見)'이 먼저냐는 논쟁에 비판적임.

건들이 예견되어 있기 때문에 일어나는 것이겠죠, 그리고 이것 하나만으로도 의지의 자유를 파멸시키는 데에는 충분해요. 그런데 이제 현세의 사건들의 결과가 영원한 예지(豫知)의 원인이라고 말하는 것은 얼마나 주객이 전도된 일일까요![207] 그러나 사건들이 앞으로 일어나려고 하기 때문에, 신이 미래의 사건들을 예견한다고 생각하면, 이 사건들이 일어나자 신의 지고한 섭리의 원인이라고 생각하는 것과 무엇이 다르단 말인가요? 더 나아가서, 내가 어떤 것이 있다고 알 때, 그것이 필연적으로 있듯이, 내가 어떠한 것이 있게 될 것이라고 알 때, 그것은 필연적으로 있게 될 것이에요. 그러니까 어떤 예지된 일의 발생은 피할 수 없다는 것이 드러나요. 끝으로, 어떤 사람이 어떤 사물이 있는바와 다른 것이라고 생각한다면, 그것은 비단 지식이 아닐 뿐만 아니라, 또한 참된 지식의 진리와 동떨어진 그릇된 견해예요. 그렇기 때문에 만약 어떤 것의 발생이 확실하거나 필연적이 아닌 방식으로, 어떤 것이 일어난다면, 그것이 일어날 것이라고 예지하는 것이 가능할까요? 정녕, 참된 지식은 허위와 뒤섞이지 않는 것과 똑같이, 지식에 의해 파악된 것은 파악된 바와 달라질 수가 없어요. 왜냐하면 지식이 어떠한 허위도 결여하는 진짜 이유는, 지식이 있는 그대로 사물을 파악하는 방식과 똑같이, 모든 단일한 개체는 필연적으로 있는 그대로 존재하기 때문이에요.

---

[207] 이 세상에서 일어나는 사건들의 원인을 인식함에 있어 신의 혜지와 인간의 혜지 사이에 엄청난 차이가 있음을 암시한다고 사료됨.

자, 그러면, 신은 어떻게 이런 불확실한 것들이 일어날지를 예지하시는 것일까요? 정녕, 만약 신이 안 일어날지도 모르는 것들이 불가피하게 일어날 것이라고 생각한다면, 신이 잘못 생각하는 것인데, [우리 입장에서] 그런 것을 생각하는 것뿐만 아니라 큰 소리로 말하는 것은 불경(不敬)한 것이죠. 그러나 만약 그가 미래의 사물들이 지금 있는 방식 그대로일 것이라고 알고 있다면, 그리하여 사물들이 일어날 수도 안 일어날 수도 있는 확률이 동등하다고 알고 있다면, 어떤 확실한 것도, 어떤 안정된 것도 파악하지 못하는 능력은 무슨 종류의 예지인가요? 혹은 그것은 테이레시아스의 우스꽝스러운 예언과는 어떻게 비교가 될까요?

'내가 무엇을 말하든 그것은 일어나거나 일어나지 않을 것이다.'[208]

그리고 신적인 섭리가, 사람들이 하듯이, 발생할 가능성이 불확실한 것들을 불확실하다고 판단한다면, 어느 점에서 사람들의 견해들보다 더 나을 것인가요? 그러나 만약 만물의 가장 확실한 원천인 그분 안에 어떤 불확실한 것도 있을 수 없다면, 그가 일어날 것이라고 확고히 예지하고 있는 그런 일들의 발생은 확실한 거죠.

---

208 Horatius, 《풍자시 Sermones》, ii.5. 59. 테이레시아스(Teiresias)는 고대 희랍 테베 출신의 예언자로 황천에서도 은총을 받음. 또한 그 인용문은 신탁이나 단순한 예언에 대해 대화자가 품고 있는 불신을 시사(示唆)한다고 사료됨.

그래서 인간적 의도들 또는 행동들에는 자유가 없는 것이죠.[209] 잘못을 저지름이 없이 모든 것을 예견하는 신적인 마음이, 하나의 실제적 사건이 발생하도록 그것들을 묶고 통제하니까요. 이러한 논리를 일단 수용하면, 어떤 엄청난 인간사들의 와해가 뒤따르게 될지는 뻔한 일이죠! 선한 이들과 악한 이들에게, 그들 마음의 어떤 자유롭고 자발적인 행위가 받을 만하지 못한, 그런 보상들과 징벌들을 제안한다는 것은 공허하기 때문이죠. 그리고 악인들은 벌을 받고 또는 선인들은 상을 받는다는 것이 현재로는 가장 공정하다고 판단되는 것인데, 바로 이것이 모든 것 중에서 가장 불공정하게 보일 테니까요. 즉 그들은 그들 자신의 의지들에 의해서 어떤 일을 하도록 움직여진 것이 아니고 이런 또는 저런 목적을 위해 일어나야 할 어떤 것의 필연성에 의해 조종되었다는 것이죠. 결과적으로 어떤 악들이나 덕들이 아니라 오히려 모든 공과(功過)들이 뒤섞여 서로 분별하기 어려운 혼합만이 있게 되는 것이죠. 다음보다 더 사악한 것을 마음속에 그려볼 수가 없어요! 즉 사물들의 전체적 질서 유지가 섭리로부터 출발하고 인간적 의도들에게 실제로 가능한 것은 하나도 없는 고로, 우리의 악덕들까지도 모든 좋은 것들의 창조자에게 회부되어지는 그런 결론에 도달하죠. 그리고 그러하기 때문에 어떤 것을 희망하거나 또는 [어떤 것이 회피되도록] 기도하는 것은 의미가 없죠. 불굴의 방향이 욕망될 수 있는 모든

---

209 이 자유의지에 대한 주요 반대 논거는 예견된 일은 일어나게 되어 있다는 것임. 이 논거의 진행은 섭리 → 합리성 → 예견 → 사건 발생 연쇄를 엿보게 함.

것을 연쇄(連鎖)하고 있는 판에, 어느 사람이 무엇을 희망하거나 또는 어떤 것이 회피되도록[210] 기도를 한단 말입니까?

따라서 인간과 신 사이의 유일한 교류의 끈, 말하자면, 희망과 구제를 바라는 기도가 제거될 거예요. 물론 우리의 지당한 겸양의 대가로 신의 은총의 존귀한 귀환을 받길 자격을 갖추게 되면, 그리고 그것만이 인간이 신과 대화할 수 있고, 인간이 거기에 도달하기 전이라도, 가까이 가기 어려운 빛에 도달할 것 같은 유일한 길이네요.[211] 이제 도래할 것의 필연성이 인정되고, 희망과 기도가 아무런 힘이 없다고 생각된다면, 무엇에 의해 우리가 만물의 지고한 원리인 그에게 합치되고 매달릴 수 있겠습니까? 그러니까, 그대가 조금 전에 노래했던 것처럼,[212] 인류는 그들의 원천으로부터 떨어져 갈기갈기 찢어지고 조각조각 분리되는 결과를 필연적으로 밟게 될 것이에요."

210　원문에 'deprecandi'는 이태동사(deponent verb)인 'deprecor 무엇이 일어나지 않도록 기도하다'의 동명사 소유격으로서 그 앞의 부정(不定)명사 'aliquid 어떤 것'에 걸림.

211　본장(本章)은 주로 수감자의 논거가 지배적인데, 특히 본 단락에서 등장하는 '지당한 겸양'이라든가 또는 '신의 은총' 같은 어휘에서 그가 받은 기독교적 영향이 감지됨. 또 '그 가까이 가기 어려운 빛'은 신약의 상응하는 구절을 연상시키는바 〈디모데전서〉 6:16 : "오직 그에게만 죽지 아니함이 있고 가까이 가지 못할 빛에 거하시고 아무 사람도 보지 못하였고 또 볼 수 없는 자시니 그에게 존귀와 영원한 능력을 돌릴지어다."

212　제4권 6장 시(詩)의 다음 구절을 볼 것 : "정녕…… 지금 안정된 질서가 그처럼 꼭 쥐고 있는 모든 것이 찢겨져 나가고/ 산산조각이 나 그들의 기원(起源)으로부터 떨어져 나갈 것이네."

시 Ⅲ

무슨 불협화의 원인이 세상의 유대(紐帶)를 깨트리는 건가요?

무슨 신이 이 두 진리들 간에[213]

그처럼 큰 분쟁을 야기하는 건가요?

홀로 분리해서 양립(兩立)하고 있는 그 둘은,

함께 섞이게 되면, 그 같은 굴레를 쓰는 것을 거부하는 건가요?

혹은 진리들 사이에 그런 불화는 없는 것이고,

그들은 서로서로 늘 꼭 붙어 있는 건가요?

그러나 마음이 육체의 눈먼 부분들에 의해 가려져,

그의 빛의 열기는 억압되고 시들해져,

이 세상의 섬세한 연결 고리들을 인식할 수 없는 건가요?

그러나 왜 그것은 그처럼 큰 사랑을 지니고

진리의 숨은 글자들을 찾아내고자 열을 올리는 건가요?

그것은 그가 안달하며 제대로 알고자 하는 것을 알고 있는 건가요?

하지만 알려진 것을 알려고 애쓰는 사람이 어디 있겠어요?

하지만 그가 모르고 있다면, 눈먼 상태에서 왜 추구하는 건가요?

정녕, 누가 자기가 잘 모르고 있는 것을 동경하겠어요,

또는 누가 모르는 것들을 추적할 수 있는 건가요,

또는 그것들을 어떻게 발견하죠? 누가 무식한 상태에서

---

213 수감자는 이 시(詩) 바로 전의 논거에서 '자유의지'의 설 자리를 잃고 망연
자실했는데, 이제 근본적 문제 제기를 하고 있음. 즉 자유의지와 섭리 , 자아와 원
천, 전체와 부분들 같은 이분법적 딜레마에서 변증법을 추구하고 있다고 사료됨.
4권 6장 시편.

그가 발견한 것의 형식을 인식할 수 있겠어요?

혹은, 그것이 지고(至高)의 마음을 감지했을 때,

그것은 단번에 전체와 따로따로의 부분들을 알아차렸던가요?

이제, 육체의 부분들에 의해 흐려지고 가리어져도,

그것은 그 자신을 완전히 잊고 있지 않다네.

그리고 그는 개별 부분들을 잃으면서도 전체를 지키고 있네.

그러니까 진리를 찾고 있는 자가 그 누구이든지, 그는

그 어떤 부류에도 속하지 않는다네. 그는 알고 있는 것도 아니지만,

또한 모든 것에 완전히 무식하지도 않다네.

그러나 그는 전체를 지키면서 회상하고 명상한다네,

저 높은 곳으로부터 감지(感知)한 모든 것을 복습하며,

그가 마음속 깊이 간직하고 있는 것에

그가 잊었던 것들을 다시 보태 넣기 위함이네.

산문 IV

그런 다음 그녀가 말했다. "그것은 섭리에 대한 해묵은 불평이네, 키케로가 예지(豫知)의 종류들을 분류하면서 강력히 다룬 문제였지.[214] 그리고 이것은 그대 자신이 아주 오랫동안 깊이 연구한 문제이기도 하고. 그렇지만 지금까지 그대들의 그 누구에 의해서도 그것은 충분이 주의 깊고 견고하게 다루어지지 않았

---

214 키케로,《예지론 De Divinatione》, ii. 8이하.

네. 이러한 불명료의 원인은 인간적 추리의 운동이 신적 예지(豫知)의 단일성에 접근할 수 없기 때문이네. 만약 이 단일성이 어떤 방법으로든지 마음속에서 사유(思惟)될 수 있다면, 의심할 바 없이 더 이상 어떤 것도 그것에 관해 모호하게 남겨져 있지 않을 걸세. 그리고 내가 먼저 그대가 지금 애태우고 있는 것들을 살피고 난 후에 이것을 명확히 설명해보겠네. 정녕, 나는 다음을 묻고 싶네, 즉 예지(豫知)가 미래 사건들의 필연성의 동기(動機)가 아니기 때문에, 의지의 자유가 예지에 의해 전혀 구속받지 않는다고 판단하는 사람들의 이 설명은, 왜 실효성이 떨어진다고 생각하는가? 그도 그럴 것이, 그대는 예지된 일들은 안 일어날 수 없다는 사실을 인증(引證)하는 것 외에는 미래 사건들의 필연성을 증명할 어떤 것도 제시하지 못하고 있네. 따라서 만약 예지가 미래 사건들에 어떠한 필연성도 부과하지 못한다면—그대는 조금 전에 이 점을 인정했네—무슨 논리로 의지에 의존하는 사건들의 결과가 특정한 결과로 끝나도록 강제되어져만 하는가?

그대가 거기에 이어지는 논리를 알기 위해 또 논의를 제대로 하기 위해, 이제 예지(豫知)가 없다고 가정해 보세. 그런 경우에 의지에 의존하는 사물들은 필연성에 속하도록 강제 되지 않을 것이네, 맞는가?

"전혀 강제 되지 않겠죠."

"다시 이번에는, 예지(豫知)는 있지만, 사물들에 어떤 필연성을 명(命)하지 않는다고 가정해보세. 그렇게 되면, 바로 의지의 자유는, 완전하고 절대적인 것으로 남게 될 것이네. 그러나 일어나려는 사건들에 대한 예지는, 그것 자체가 미래 사건들의 필연성을 구성하지는 않는다 해도, 그것들이 필연적으로 일어날 것이라는 신호는 된다고 그대는 말하겠지. 이렇게 해서, 예지가 없었다 해도, 미래 사건들의 결과는 필연적이라는 것에 동의가 성립할 것이네. 정녕, 모든 표지는 있는 것을 지시하기만 하지, 그것이 지시하는 것이 존재하도록 하지는 않네. 그렇기 때문에, 예지가 필연성의 표지임이 분명해지도록, 어떤 것도 필연성을 수반하지 않고는 일어나지 않는다는 것을 먼저 입증해야 하네. 만약 필연성도 없다면, 예지 또한 존재하지 않는 것에 대한 표지가 될 수 없을 걸세. 그러나 우리가 동의한 것은 논증에 기대는 확고한 증명을 표지들이나 주제(主題) 밖의 논증들에서가 아니라, 적절하고 필요한 원인들에서 끌어져야 한다는 것이네.

그런데 미래에 있을 거라고 예견된 일들이 일어나지 않는 것이 어떻게 가능하겠나? 마치 섭리가 일어날 것이라고 선견한 것들이 일어나지 않을 것이라고 우리가 믿으려하듯이! 또 그것들이 일어난다 해도, 그것들이 일어나는 필연성을 본성상 지니지 않는다고 생각하듯이 말이네. 그러한 것을 그대는 아래의 사실로부터 쉽게 헤아려보아도 괜찮겠네. 정녕, 우리는 많은 것들이 일어나는 동안, 우리 눈앞에서 펼쳐지는 것을 보네, 예컨대 전차(戰車) 몰이꾼들이 말 네 마리로 된 팀들을 선도(先導)하고 조종하는 행동들, 그리고 다른 종류의 비슷한 행동들이

다 그렇네. 이제 확실히 어떤 필연성이 이런 행동들이 일어나는 것처럼 일어나도록 강제하지 않는 것이 아니겠는가?"

"전혀 강제하고 있지 않죠. 정녕, 만약 모든 것이 강제를 통해 진행되는 것이라면, 재간의 발휘가 아무 소용없겠죠."

"그러니까 그것들이 생기는 동안에 존재의 필연성을 결여한 사건들은, 그것들이 일어나기 전에, 필연성 없이 일어나게 될 미래의 사건들이네. 그러니까 자신들의 결과가 온갖 필연성으로부터 자유로운 것들이 일어날 어떤 사건들이 있네. 정녕, 나는 어떤 사람이, 지금 일어나고 있는 사건들이, 일어나기 전에는 '일어날 예정'이 아니었다고 말하리라고는 생각하지 않네. 그러니까 이런 사건들은 예견되었다 하더라도, 그것들의 결과는 자유로운 것이네. 그도 그럴 것이, 현재의 사건들에 대한 지식이 지금 일어나고 있는 사건들에 어떤 필연성도 도입하지 않듯이, 마찬가지로 미래의 사건들의 예지는 일어나게 될 사건들에 어떤 필연성도 도입하지 않네. 그러나 바로 이 점이 의심되는 부분이라고, 그대는 말하고 있네. 필연적 결과를 수반하지 않는 그런 사건들에 대해 예지가 있을 수 있는가 하는 것이지. 이 두 사항들[예지와 필연적이 아닌 결과들]은 양립할 수 없는 것같이 보이고, 따라서 그대는 사건들이 예지된다면, 필연성은 하나의 당연한 결과이고, 또 필연성이 없다면, 그런 사건들은 전혀 예지될 수 없다고 생각하네. 그리고 어떤 것도, 확실히 존재하는 경우를 빼놓고는, 지식에 의해 파악될 수 없다고 생각하네. 그러니 만약 결과가 확실치 않은 사물들이, 마치 확실한 듯이 예견된다면, 그것은 정말이지 견해의 모호한 점이지, 지식의 진실은 아니네. 사물들이 실존하는 것과 달리 생각하는 것은 지식의 성실과 맞지 않다고 그대가 믿고 있기 때문이네. 이러한 오류의 원인은 사람이 아는 모든 것은, 알려진 사물들의 힘과 본성을 통해서만 인식되는 것이라고 판단하기 때문이네. 그러나 실제는 전혀 반대이네. 왜 그런가 하면, 인식된 모든 것은 그것이 지니고 있는 힘에 의해서가 아니고, 오히려 그것을 인식하는 사람들의 능력에 따라서 파악되네.[215] 왜 그런가 하면 — 이것은 간단한 예로 분명해지는데 — 어느 둥근 물체를 시각(視覺)은 한 방식으로, 촉각(觸覺)은 다른 방식으로 인식한다네. 먼저 시각은 일정한 거리를 두고서 전체를 시각이 발산하는 광선으로 단번에 별견(瞥見)하나, 반면 촉각은 둥근 물체에 합치하고 밀착함으로써 주위를 감돌면서, 부분들을 가지고 둥근 것을 파악한다네.

유사하게 인간 자체를 검사함에 있어서도, 감각, 상상력, 이성(理性), 지성(知性)은 각기 다른 방식을 취한다네. 정녕 감각은 기초가 되는 물체의 모양을, 상상력은 질료가 없이 오직 형상만을 음미하는가 하면, 반면 이성은 이것 또한 뛰어 넘어, 어떤

---

215 어떤 사물에 대한 우리의 인식이 그 사물이 지니고 있는 속성에 기인하는 것이냐 아니면 우리의 통찰 능력에 있는 것이냐의 논쟁인데, 이는 5세기경 알렉산드리아의 신플라톤주의자들에 의해 활발히 논의되었던 바, 보에티우스는 암모니우스(Ammonius)의 저술에 익숙하여 본 장(章)의 논의에서 활용되고 있음. 암모니우스: 《아리스토텔레스에 관한 희랍어 주석 Commentaria in Aristotelem Graeca》, iv. 5. 12 이하를 참조.

보편적 숙고를 통하여, 개체들에 존재하는 특정한 형식 그 자체를 음미하는 것이네. 그러나 지성의 눈은 더한층 높이 설정되어 있네. 보편성으로 둘러싸인 것 이상으로 나아가서 순수한 심안(心眼)을 통해 하나의 단순한 형식 자체를 바라본다네. 그리고 여기에서 다음과 같은 관점을 고려해야 하네. 정녕 고차원의 이해력은 저차원의 이해력을 함축한다는 것이네, 반면 저차원은 어떤 방식으로도 고차원에 이르지 못한다네. 그도 그럴 것이, 감각은 질료 밖의 그 어느 것에도 이르지 못하고, 또한 상상력은 보편적인 특정한 형식들을 바라보지 못하고, 이성 또한 단순 형식을 파악하지 못하네. 그러나 지성[216]은, 마치 망루에서 내려다보듯, 형식을 마음속에서 상상(想像)함으로써 형식에 속한 모든 것들을 식별하네. 그러나 지성은 그 어떤 다른 것에 해당될 수 없는 형식 자체를 이해하는 유일한 방식으로 그렇게 하네. 즉 지성은 이성의 보편성, 상상의 형태, 또 물질적으로 감지되는 것을 알고 있는데, 이것은 이성, 상상력, 또는 감각들을 구사함이 없이 오직 마음의 일별만으로 성취되는 것이네. 말하자면, 형식적으로 모든 것을 모두 함께 내다보는 것이라 할 수 있네. 이성(理性) 또한 어떤 보편적인 것을 바라볼 때, 상상력이나 감각들을 사용함이 없이, 상상되어질 수 있고 감지될 수 있는 측면들을 파악한다네. 마음속에 품은 어느 보편적

---

216 원문의 'intellegentia 지성'과 유사한 개념으로 18세기 말 독일 이상주의 철학자들 칸트, 헤겔, 셸링 과 20세기 하이데거에 이르기까지 'intellektuelle Anschauung 지성적 직관'은 주요한 인식 방법으로 각광을 받았음.

개념을 다음과 같이 정의하는 것은 이성이네. '인간은 두 발 달린 이성적 동물이다.' 그리고 이것이 보편적 관념이라고 해도, 동시에 이성이 고려하는 대상이 어떤 상상 가능하고 감지될 수 있는 것임을 어느 누구도 모르지 않네, 물론 상상력이나 감각을 수단으로 해서가 아니고, 합리적 개념화에서 그렇다는 얘기지. 상상력 또한, 형태들을 바라보고 형성하는 출발점을 감각들에서 얻었다 해도, 감각을 제거한 상태에서, 감각적 판단이 아니라 상상력의 방식으로, 감각적인 모든 것들을 개관하는 것이네. 그러니까 그대는 이 모든 것들이 지각된 사물들의 능력을 사용하는 것이 아니라 오히려 그들 자신의 능력을 구사한다는 사실을 이해하겠는가? 또한 이것도 틀리지 않네. 정녕 모든 판단이 판단하는 사람의 행위이므로, 각자는 그의 임무를 어느 다른 사람의 힘으로부터가 아니고, 자신의 힘으로부터 수행한다는 것이 틀림없네."

시 IV

가끔 주랑 현관 철학[217]은 세상에

___

217 원문의 'porticus 주랑 현관'은 희랍어 'Stoa Poikilê 채색된 현관'을 가리키는데, 거기서 스토아 철학 창시자 제논(Zenon)이 서기전 300년 경 아테네에서 강연장으로 쓰던 곳. 철학녀는 스토아 철학을 '애매한' 것으로 규정하는데, 특히 감각에 의존하고 있는 그들의 입장을 비판하고 있음. 그들의 지론에 따르면 인간의 마음은 'tabula rasa 백지 상태'라는 것임.

몇몇 노철학자들을 배출했는데, 그런 이들은,

그들 자신들 밖에 있는 물상(物像)들로부터

흘러나온, 감각적 영상(映像)들이

사람들의 마음 위에 각인된다고 생각하네.

빨리 움직이는 펜촉으로 쓴 글자들로

꾹 눌려져 아무런 흔적도 없는 빈 종잇장 같은

사람들의 마음이 사용된다네.

그러나 그 마음이, 그것 고유의 운동들의 힘을

지니고 있으면서, 아무것도 전개하지 않고,

다른 물체들의 흔적들에 종속된 채,

그저 수동적으로,

어느 거울같이 사물들의

공허한 영상들만을 반사한다면, 정녕

어디에서부터 사람들의 마음속에

자리 잡고 있는, 모든 것을 식별하는,

저 공통 개념의 힘이 오는 것인가?

무슨 힘이 개체들을 감지하는 것이며, 혹은

무슨 힘이 알려진 모든 것들을 구분하는 것인가?

이렇게 구분된 것들을 무엇이 다시 수집하는 것이며,

그러니까 번갈아 방향전환을 하며,

이세는 그것의 머리를 가장 높은 것들을 향해 올리고,

다음 순간엔 가장 낮은 것들을 향해 내려오고,

그리하여 그 자체로 귀환하며

허위를 진실로 반박하고 있는 것인가?

이것은 물질적 바탕 위에 새겨지는

흔적들만을 수동적으로

수용하는 원인보다 훨씬 더 강력한

하나의 효율적인 원인이네.

그러나 거기에 선행하는 것은

마음의 힘들을 휘젓고 움직이는바,

살아있는 신체 안에서 감정을 유발하는 운동인데,

그것은 빛이 눈들에 와 닿거나

또는 울부짖음이 귀청을 때릴 때와 같은 것이네.

그때 마음의 각성된 힘은

그것이 내면에 지니고 있는 이 형식들에

유사한 행동을 하기를 호소하고,

그것들을 외부로부터 받아들이는 흔적들에 적용하여

영상(映像)들을 내면에 감추어져 있는

형식들과 결합하는 것이네.

산문 V

"사람들이 물체들을 감지할 때, 외부적 속성들이 감각 기관들에 와 부딪고, 그런 운동이 마음의 행동을 유발하여 그 전에 내면에서 정지하고 있던 형식들을 선동하는 것이 가능하다네. 그런데, 만약 물체들을 감지함에 있어, 마음이 운동에 의해 각인

되지 않고, 마음이 지닌 고유한 힘으로 물체의 속성인 운동을 판단한다면, 모든 육체적 영향들로부터 아주 분리된 그런 것들은[218] 얼마나 더욱더 판단 행위에 있어, 외부로부터의 자극들을 따르지 않고, 그들이 속해 있는 마음의 행동을 작동하겠는가! 그리하여 이 원칙에 입각하여 인식의 여러 종류들은 상이한 여러 실체들에 할당되었다네. 정녕, 다른 종류의 인식이 없이 단지 감각만이, 움직이지 않는 생명체들에 할당되었는데, 여기에는 바다 조가비들과 바위들에 붙어서 영양을 섭취하는 다른 것들이 해당된다네. 상상력은 움직이는 동물들에 할당되었는데, 그들은 벌써 도망가거나 찾아내려는 성향을 지니고 있네. 그러나 이성은 인류에게만 속해 있고, 마찬가지로 지성은 오직 신적 존재들에만 속하는 것이네. 그리하여 바로 이 종류의 지식은 여타의 것들보다 더 우수하고 그것이 지니고 있는 본성으로부터 그 자신의 목적뿐만 아니라 또한 다른 종류들의 지식을 소지하고 있는 주체들까지도 알고 있네.

그 다음, 만약 감각과 상상력이 추리하는 것을 반박한다면, 즉 이성이 감지하고 생각하는 보편 개념이 아무것도 아니라고 말한다면, 무어라고 답할 건가? 왜 그런가 하면, 하고 그들은 말한다네, 감각과 상상력의 대상(對象)은 보편적이 될 수 없다는 것이지. 그러니까 이성의 판단이 옳고, 감각으로 지각할 수 있는 것은 진실로 존재하지 않다고 하든가, 그렇지 않으면,

---

218 철학녀는 물체의 자극들부터 자유로운 존재들 즉 신이나 천사들을 가리키는 듯하고, 플라톤주의자들은 신령(δαίμων 신적인 정령)들을 염두에 두었다고 함.

그들은 많은 사물들이 감각들과 상상력의 대상들이니까, 이성의 개념 ─ 이성은 감각으로 지각할 수 있는 개별적인 것을 마치 어떤 종류의 보편개념인 듯이 생각하는 고로 ─ 은 공허하다고 하는 것이네. 더 나아가서, 이성(理性)이 여기에 대해서 다음과 같이 응답한다고 생각해 보세. 그녀(이성)는 감각과 상상력의 대상 둘 다를 그들의 보편성의 측면에서 바라보지만, 이들은 그들의 지식이 육체적 형태들 너머로는 갈 수가 없는 고로 그들은 보편성의 지식에까지 이르기를 열망할 수 없는 것이네, 하지만 우리는 오히려 사물들의 인식에 관하여 보다 공고하고 완벽한 판단을 믿어야 하네. 즉 이러한 종류의 논의에서, 우리는 말이네, 마음속에 추리의 힘과 더불어 상상력과 감각의 힘들을 지니고 있는 우리는, 이성의 경우를 옹호하는 편에 서서 판단하는 것이 오히려 마땅하지 않겠는가? 인간의 이성(理性)은 이와 비슷하네. 신적 지성(知性)은 이성 그 자체가 미래의 사물들을 아는 방식과는 다르게 예견하지 않는다고 생각하네. 정녕, 그대가 논거를 하는 방식은 이러하네. 만약 어떤 사물들이 확실하고 필연적인 결과들을 지니는 것으로 보이지 않는다면, 그러한 사물들은 확실히 예지(豫知)될 수 없다고 말이네. 그렇기 때문에 이러한 사물들에 대한 예지는 없는 것이네, 만약 우리가 이 사물들에 예지가 있다고 생각한다면, 필연성으로부터 일어나지 않는 것은 하나도 없을 것이네. 이제 바로 우리가 이성에 참여하는 것과 똑같은 방식으로, 우리가 신적 마음에 속하는 판단력을 소유할 수 있다면, 그러면 상상력과 감각이 이성에 양보하여야 한다고 우리가 판단하는 것과 똑같이, 인간의 이성이 신적 마음에 복종하여야 하는 것이 가장 공정하다고 생각할 것이네. 이러한 연유에서, 우리가 할 수만 있다면, 우리를 지고의 지성의 높이에까지 올리도록 해보세. 정녕, 이성은 거기서 그녀(이성)가 그녀 자체 속에서 바라볼 수 없는 것을 보게 될 것이네, 그리고 그것은 참말로 이러 하네, 어떤 확실하고 뚜렷한 예지가 공정한 어떤 방식으로 확실한 결과를 갖지 못하는 그런 사물들까지도 숙연히 볼 수 있는지 말이네, 그리고 이것은 견해가 아니라, 오히려 어떤 경계들로도 갇히지 않는 지고한 지식의 단일성이네.[219]"

시 V

얼마나 다양한 형태로 생물들은 저 대지를 횡단하는 것인가!
정녕 어떤 것들은 몸이 길고 먼지를 쓸어내리고
그들의 뱃심으로 움직여가며 끊임없는 고랑을 이룬다네.
다른 것들은 그들의 배회하는 가벼운 날개로 바람을 타고
드넓은 하늘의 광활한 대기층을 통해 유유히 날아다닌다.
다른 것들은 땅에 그들의 발자국을 꾹꾹 눌러 남기고
그들의 발걸음으로 초록빛 들판을 가로지르고

---

219 본 결론에서 철학녀는 인간적 논리 특히 자유의지와 섭리 사이에서 일종의 중재를 시도하고 있음.

혹은 무성한 나무들 밑을 지나는도다.

그리고 이 동물들은 그대가 보기에 여러 형태로 다르다 해도,

아래로 향한 그들의 얼굴들은 그들의 감각들을

육중하게 하고 또 무디게 만드는구나.

다만 인간 족속은 그들의 높은 머리들을 치켜 올리고

똑바른 자세로 가볍게 서서 땅을 내려다보고 있도다.

그리고 (그대들이 세속적이고 어리석게 잘못되어 있지 않다면)

이 모양새는 그대들에게 말해 주노니,

얼굴을 치켜 올린 그대들은 저 창공을 구하고,

그대들의 이마를 치켜 올려라,

그대들은 역시 그대들의 마음을 드높이 올리고,

주눅이 들지 말고, 그 마음은 위로 치켜 올려진

몸보다 더 아래로 가라앉아서는 안 된다네.

산문 VI

"다음으로, 조금 전에 우리가 분명히 했던 것과 같이, 알려져 있는 모든 것이 고유의 본성에 따라서가 아니라 그것을 파악하는 이들의 본성에 따라 알려져 있는 고로, 우리는 이제, 허용될 만한 범위 내에서, 신적인 실체의 본성이 무엇인지 음미해 보기로 하세, 그렇게 해서 우리는 신의 지식이 무슨 종류의 것인지를 인식할 수 있을지도 모르니 말이네. 자, 신이 영원하다는 것은 이성을 지니고 사는 모든 이들의 공통된 판단이네. 그런

고로 우리는 영원성이 무엇인지 고려해 보기로 하세. 왜 그런가 하면, 이것이 우리에게 신적인 본성과 신적인 지식을 명백하게 보여줄 테니까. 영원성은 그러니까 경계 없는 삶의 전체적, 동시적, 완전한 소유인데, 이 점은 시한(時限)적 사물들과 비교해보면 더 명백해지네. 그도 그럴 것이, 시간 속에서 살아가는 것은 무엇이든지 현재에 있으면서 과거에서 미래로 진행하네, 또 시간 속에서 확립된 것은 무엇이든 삶의 전 공간을 동시에 한번에 포용할 수 없네, 그것은 확실히 내일을 아직은 포착하지 못하고, 어제는 벌써 잃어버렸네. 그리고 그대들이 하루하루 살아가는 삶속에서 그대들이 산다는 것은 움직이는 무상(無常)한 순간에 지나지 않는다네. 그렇기 때문에 시간의 조건을 견디는 것은 무엇이든 — 아리스토텔레스가 세계에 관하여 생각했던 바와 같이 — 과거에 존재하기를 시작한 적도 없고 또 미래에 존재하기를 중지할 것도 아니고, 또 그것의 생명이 시간의 무한성으로 길어진다 해도, 그것이 영원하다고 믿는 것은 올바르지 않네. 그것이 무한하다 해도 그것이 지닌 삶의 전 공간을 동시에 파악하며 포용하지 못하네, 미래는 아직 소유하지 못하고, 과거는 더 이상 존재하지 않기 때문이네. 그렇기 때문에 끝없는 생명의 전체적인 충만함을 동시에 파악하고 포용하며, 또 어떤 미래의 것도 결여하지 않고 또는 어떤 과거의 것도 흘러가 잃어버리지 않는 것이라면, 그것이 무엇이든 영원하다고 올바르게 간주된다네. 그것은 자신의 주인으로서, 그 자체를 현재 속에 지니고 있으면서, 필연적으로 그 자체에 대해 언제나 현재적임이 틀림없고, 또한 움직이는 시간의 무한성을 현재로 지니고 있음도 틀림없다네.

그리고 그렇기 때문에, 플라톤이 이 세계는 시간상으로 어떤 시작도 없었고 어떤 종말도 맞지도 않을 것이라고 생각했다는 말을 듣고, 사람들이 창조된 세계는 이런 식으로 조물주와 영원히 공존한다고 생각한다면, 그들은 옳지 않네. 어떤 생명체가 끝없이 길게 늘어져 있는 것(플라톤은 이 세계의 속성으로 일컬었다)은 하나의 사태(事態)이고, 반면 끝없는 생명의 전체적 현재를 단번에 포용하는 것(분명히 말하건대, 신의 마음의 고유한 것)은 별개의 사태이네. 또한 신(神)은, 어떤 시간의 양(量)에 의해서라기보다 오히려 자신이 지닌 저 고유한 본성의 단순성에 의해, 창조된 물체들보다 더 고대적(古代的)인 것으로 보여야 할 것이네. 정녕, 일시적 사물들의 저 무한한 운동[220]은 부동하는 생명의 이 현재적 본성을 모방하네, 또 그것이 후자를 재현할 수도 그것과 대등할 수도 없는 고로, 그것은 부동성에서 운동으로 격하되고, 현재의 단일성에서 미래와 과거의 무한한 양(量)으로 쇠한다네. 그리고 그것은 생명의 완전한 충만을 단번에 소유할 수 없는 고로, 어떤 방식으로든지 존재하기를 결코 중단하지 않는다는 바로 그 점에서 그것이 충분히 표현할 수 없는 것을 이 간략하고 무상(無常)한 순간이 지닌 일종의 현재에 붙들어 맴으로써, 부동의 생명의 현재에 필적하는 듯이 보인다네. 전

---

220   원문 'ille temporalium rerum motus 저 일시적 사물들의 운동'은 물질세계의 핵심 표상으로 제시되고 있으며, 본 논의에서 '그것'으로 계속 언급되고 있음.

자의 현재는, 영원한 존재와의 어떤 유사성을 띠고 있기 때문에, 그것이 어루만지는 어떠한 사물들에도 그것들이 존재하는 것같이 보이도록 효과를 낸다네. 그러나 그것이 영구적일 수는 없었으므로, 그것은 시간의 무한한 여행에 올라탔고, 이런 식으로 해서 그것은 그 나름대로의 생명을 지속하지만 항구적이지는 못하기 때문에 생명의 충만함을 포용할 수 없네. 그래서 만약 우리가 사물들에 합당한 명칭들을 부여하기를 소망한다면, 플라톤의 의견을 따라 우리는 신은 참말로 영원하고, 그렇지만 세계는 영구하다고 말해야 할 것이네.

다음으로, 모든 판단은 고유한 본성에 따라 자신에게 종속된 사물들을 파악하므로, 그리고 신은 언제나 영원하고 현존하는 본성을 지님으로, 그의 지식 또한, 시간의 모든 운동을 능가하면서, 그의 현존의 단순성 속에서 영원하고, 또 미래와 과거의 모든 무한한 공간들을 포용하면서, 지식의 단일한 인식 속에서, 마치 그것들이 지금 진행하고 있는 듯이 그것들을 보신다네. 그러니까 그대가 신이 모든 것을 식별하는 바의 예지를 고려하기를 소망해야 한다면, 말하자면 그것은 미래의 예견이 아니라 결코 지나가지 않는 현재의 지식이라고 판단하는 것이 더 옳을 것이네. 그리고 그렇기 때문에 그것은 선견(先見 praevidentia)이 아니라 후견(後見) 또는 섭리(providentia)라고 불리어지는 것이네, 왜냐하면, 그것은 사물들의 가장 저급한 단계에서 멀리 떨어져, 마치 가장 높은 정상에서 만물을 앞으로 내다보고 있기 때문이네. 다음으로, 왜 그대는 신의 시선의 빛에 의하여 세밀히 살펴지는 저 사물들이 필연적으로 생성되어야 한다고 요구하는가? 사람들까지도 보고 있는 것들이 필연적으로 생성되어야 한다고 요구하지 않으면서 말이네. 다 따지고 보면, 그것들을 바라보는 그대의 시선은 그대가 현재 보고 있는 사물들에 어떤 필연성도 부과하지 않네, 부과하고 있는가?"

"전혀 그렇지 않죠."

"그런데 만약 신적인 현존과 인간적 현존의 비교가 적절한 것이라면, 바로 그대가 일정한 사물들을 그대의 이 일시적 현재 속에서 보는 것처럼, 그렇게 신은 그의 영원한 현재 속에서 만물을 인식하는 것이네. 이렇기 때문에 이 신적 예지는 사물들의 고유한 본성을 변경하지 않네, 사물들이 시간이 흘러 미래의 어떤 시점(時點)에 존재할 바로 그것들을 신에게 현존하는 것으로 본다네. 또한 신은 사물들이 판단되어지는 방식들을 혼동하지 않고, 그의 마음의 일별(一瞥)로써 필연적으로 발생하게 될 사물들과 꼭 필연적으로는 발생하지 않을 사물들을 분별한다네. 바로 그대가 다음과 같이 하는 것과 마찬가지로 말이네, 즉 그대가 같은 시각에 땅 위를 걷고 있는 한 사람과 하늘로 솟아오르는 태양을 볼 때, 두 가지 사건이 동시에 관찰되지만, 그대는 그것들을 식별하네, 하나는 (자발적 또는) 자유의지에 따른 것이고, 다른 하나는 필연적이라고 판단하네. 그러니까 이런 식으로 모든 사물들을 구별하는 신의 응시는, 자신에게는 현재이지만 시간 안에서의 사물들의 관점에서는 사라져갈 사물들의 질을 전혀 혼동하지 않는다네. 신은 어떤 것이 일어날 예정이라는 것을 알고 있기에, 그것이 일어날 필연성을 결여하고 있다는 것을 알아차리는 것은 견해라기보다는 오히려 진리에 정초(定礎)한 어떤 지식이라는 것이네.

만약 그대가 이 시점(時點)에서 신이 보시기에 일어날 것이 일어날 수 없고, 또 일어날 수 없는 것이 필연성에 의해서 일어나는 것이라고 말하려 해서, 나를 이 단어 '필연성'에 묶어 놓고자 한다면, 이것은 정말로 가장 견고한 진리의 사항이지만, 신학자를 제외하고는 어느 누구도 쉽게 풀 수 없는 문제라는 것을 나는 인정하네. 그도 그럴 것이, 같은 미래의 사건이, 신적인 지식에 연관되어 있을 때는 필연적이지만, 그것의 고유한 본성 속에서 고려될 때는 전적으로 또 절대적으로 자유로운 것이라고 내가 대답할 것이기 때문이네. 실로 종류의 필연성이 있다네, 하나는 단순한 것으로, 모든 사람들은 죽을 수밖에 없다는 것과 같네. 다른 하나는 조건부 필연성이네, 예컨대, 만약 그대가 어느 사람이 걷고 있다는 것을 안다면, 그가 걷고 있는 것은 필연적이네. 어느 사람이 무엇을 알고 있든지 간에, 그것은 알려져 있는바와 다를 수가 없네. 그러나 이 조건부 필연성은 어떤 식으로도 저 다른 단순한 종류를 지니고 있지 않네. 정녕 이런 종류의 필연성은 어떤 사물의 고유한 본성에 의해서가 아니라 조건의 첨가(添加)로 인해 야기(惹起)되기 때문이네. 그도 그럴 것이, 어떤 필연성도 고유한 의지로 산책하고 있는 사람을 강제로 걸어가게 할 수는 없네. 그가 산책하고 있을 때 그가 걸어가는 것이 필연적이라 해도 말이네. 이제 같은 방식으로,

만약 섭리가 어느 것을 현재적인 것으로 간주한다면, 그것이 본성적으로 어떤 필연성을 지니고 있지 않다고 해도, 그것이 존재하는 것은 필연적이네. 그런데 신은 의지의 자유로 인해서 일어나는 미래 사건들을 현재의 것으로 주시하네. 그러니까 이 것들은, 신적 감지와 연관되어져, 신적 지식의 조건을 통해 필연적으로 되지만, 그 자체들로서 고려될 때는 그것들의 본성이 지니고 있는 절대적 자유를 잃지 않는 것이네.[221] 그렇게 해서 신이 도래할 것이라고 예지하는 모든 것들은 의심 할 바 없이 도래하게 될 것이지만, 그것들 중 어떤 일정한 것들은 자유의 지로부터 발생하는 것이네, 그리고 그것들이 도래하게 된다고 해도, 일어남에 있어 그것들은 자신들의 고유한 본성을 잃지 않는다네. 그러니까 본성에 따르면, 그것들이 일어나기 전에는, 그것들은 또한 안 일어날 수도 있었다는 것이네. 다음으로, 신 적 지식의 조건으로 인해 그것들이 모든 점에서 필연성을 지닌 듯이 드러나게 될 텐데, 그것들이 필연적이 아니라는 것이 무 슨 문제가 되겠는가? 바로 조금 전에 내가 그대 앞에 제시한 두 사건들 ─ 솟아오르는 해와 산책하는 사람 ─ 만큼이나 확실한 거네. 이 사건들이 일어나고 있는 동안, 그것들은 일어나지 않 을 수 없는 것이네, 그러나 둘 중의 하나는, 그것이 일어나기 전 부터 일어나게 되어 있었고, 반면 다른 것은 그렇지 못했네. 그 래서 신이 현재의 것으로 소유하는 사물들 또한 의심할 바 없

---

221 여기서 철학녀는 섭리와 자유의지 사이의 갈등을 명쾌히 해소하고 있음.

이 일어날 것이네, 그러나 그것들 중 한 종류는 사물들의 필연성의 결과로서 일어나는 것이고, 다른 종류는 행하는 자의 힘의 결과로 일어나는 것이네. 그러니까 그렇게 해서 이 사건들은, 신적 지식에 연관지어지면, 필연적이 되고, 그 자체로 고려되면, 필연성의 유대들로부터 자유로운 것이 되네. 바로 그와 같이 감각들에 노출되어 있는 모든 것을 이성에 연관 지으면, 보편적이 되고, 그 자체만을 바라본다면, 개별적이 되는 것이네.

'그러나 만약,' 그대는 말할 것이네, '내 의도를 바꾸는 것이 내 힘 안에 있다면, 섭리가 예지하고 있는 것을 내가 아마 바꿀 수 있을 테니까, 나는 섭리를 무의미하게 만들 것이다.' 나는 그대가 참말로 그대의 의도를 변경할 수 있다고 대답할 것이네. 그렇지만 섭리의 현재적 진실은 그대가 그렇게 할 수 있다는 것도 또한 그대가 그렇게 할 것인지 혹은 안 할 것인지 또 어떤 방향으로 변경할 것인지를 환히 보고 있는 고로, 그대는 신적인 예지(豫知)를 벗어날 수가 없는 것이네, 그것은 마치, 그대 자신의 자유의지로[222] 그대가 다른 행동 노선들로 방향을 바꾼다 해도, 그대는 현재성 속에 있는 한 눈의 시선(視線)을 피할 수 없는 것과 같은 것이네. 그대는 이렇게 말하겠지! 내 의향에 따라 신적 지식이 변경될 것인가? 내가 어떤 때는 이것을, 다른 때는 저것을 하기를 원함에 따라, 신적 지식도 이 종류의 지식

---

222 본 철학 논고에서 원문에 탈격 형태로 'libera voluntate 자유의지로' 표현이 처음 등장함. 그 주격은 'libera voluntas'가 됨.

에서 다른 종류의 지식으로 변경되는 것인가? 전혀 그렇지가 않네. 왜 그런가 하면, 신적 시선은 모든 미래 사건에 앞서 치닫고, 미래 사건을 뒤로 돌려, 자신의 고유한 지식의 현재성 속에서 회상한다네. 그리고 신적 시선은, 그대가 암시하듯이 변경되지 않으며, 한결같게 머물러 있으면서 그대의 변화들을 단번에 예기하고 수용한다네. 그리고 신은 모든 것을 파악하고 통찰하는 현재적 능력을 미래 사건들의 결과에서가 아니고 자신의 단일성에서 오는 것이네. 이런 방식으로 그대가 조금 전에 했던 문제 — 우리의 미래 행동들이 신의 지식에 원인을 제공한다면 그것은 알맞지 않다는 것 — 또한 해결이 되는 것이네. 왜냐하면 우리가 서술한 이 지식의 힘은, 현재적 인식 행위로 모든 것들을 포옹하며, 모든 것의 지위를 확립하지만, 후에 일어나는 사건들에 어떤 빚도 지지 않는다네. 사태(事態)가 이러하기 때문에, 의지의 자유는 필멸의 존재에게 희석되지 않고 남아 있네, 또한 모든 필연성으로부터 자유로운 의지에 보상과 징계를 제안하는 법칙들은 불공정하지 않다네. 또한 저 높은 곳에서 만물(萬物)을 예지하는 관찰자로서 신(神)이 머무르시며, 언제나 현존하는 그의 시선(視線)의 영원성이, 선(善)한 이들에게는 보상(報償)을 그리고 악인(惡人)들에게는 징벌(懲罰)을 분배하시며, 우리의 행동들의 미래의 질(質)과 병행하여 달리고 있다네. 또한 우리의 희망들과 기도(祈禱)들은 신(神) 안에 공허하게 예치되는 것이 아니라, 그것들이 올바른 때에는 효과가 없을 수가 없네. 따라서, 악을 멀리하고, 덕(德)을 쌓아 나가게, 그대의 마음을 정의로운 희망들을 향해 치켜 올리게, 하늘에 겸손한 기도들을 올리게. 그대들이, 모든 것들을 보는 심판관의 눈앞에서 행동할 때, 그대들이 진실을 숨기지 않는다면, 명예롭게 행동하라는 지상명령(至上命令)이 그대들에게 엄숙히 주어져 있네."

서지(書誌)

텍스트

Boethius: *The Theological Tractates / The Consolation of Philosophy* (Philosophiae Consolatio) with an English Translation by S. J. Tester. Cambridge, Mass.: The Loeb Classical Library, Harvard Univ. Press 1973.

Boethius: *The Consolation of Philosophy.* Translated with an Introduction and Notes by P. G. Walsh. Oxford: Oxford Univ. Press 2008.

1차 문헌

Homer: *Ilias*(Iliasos). Übertragen von Hans Rupe mit Urtext, Anhang und Registern. München: Heimeran Verlag 1977.

Homer: *Odyssee*(Odycceia). Übertragen von Anton Weiher. Darmstadt: Wissenschaftliche Buchgesellschaft 1974.

Platon: *Werke in acht Bänden*, Griechisch und Deutsch. Herausgegeben von Gunther Eigler. *Darmstadt*: Wissenschaftliche Buchgesellschaft 1970.

Aristotle: *The Basic Works of Aristotle*. Edited and with an Introduction by Richard Mckeon. New York: Random House, 1941.

2차 문헌

Hamilton, Edith: *Mythology*. New York: Mentor Books, 1957.

Graves, Robert: *The Greek Myths* 1&2. Baltimore, Maryland: Penguin Books, 1964.

Grant, Michael, und John Hazel: *Lexicon der antiken Mythen und Gestalten*. München: dtv 1980.